Langtone Shumba
Nchimunya Chaamwe

Podstawy cyfrowego projektowania logicznego

Langtone Shumba
Nchimunya Chaamwe

Podstawy cyfrowego projektowania logicznego

Uwagi do wykładu

Wydawnictwo Bezkresy Wiedzy

Imprint

Cover image: www.ingimage.com

This book is a translation from the original published under ISBN 978-613-9-44308-6.

Publisher:
Wydawnictwo Bezkresy Wiedzy
is a trademark of
Dodo Books Indian Ocean Ltd., member of the OmniScriptum S.R.L Publishing group
str. A.Russo 15, of. 61, Chisinau-2068, Republic of Moldova Europe
Printed at: see last page
ISBN: 978-620-0-81103-5

Streszczenie

Technologia cyfrowej logiki ma duży wpływ na nasze codzienne życie. Dlatego też kurs Digital Logic Design Concepts staje się standardowym wymogiem dla studentów kierunków informatycznych, fizyki i elektrotechniki. W większości przypadków, studenci mają problem z otrzymaniem książek, które są po prostu napisane tak, że rozumieją pojęcia.

W tej książce nacisk położony jest na projektowanie logiki cyfrowej. Ta książka nie zakłada żadnego doświadczenia w pracy z komputerami ze strony ucznia, ale wymagane jest dobre przygotowanie w dziedzinie fizyki i matematyki. Naszym zamiarem, jako autorów tej książki, jest przedstawienie zbioru procedur powszechnie spotykanych w projektowaniu logiki cyfrowej, aby pomóc uczniom zrozumieć podstawowe pojęcia.

Nasza filozofia jako autorów tej książki jest taka, że kurs wprowadzający do cyfrowego projektowania logicznego powinien opierać się na podstawowych zasadach, które są zapewnione przez bardziej tradycyjne podejście do projektowania układów kombinowanych i sekwencyjnych, zanim zacznie się korzystać z narzędzi projektowania wspomaganego komputerowo. Po opanowaniu podstawowych koncepcji i zasad, korzystanie z oprogramowania do projektowania staje się bardziej znaczące i pozwala studentowi na bardziej efektywne wykorzystanie oprogramowania do projektowania. Książka zawiera wiele przykładów pracy i ćwiczeń do samooceny, które umożliwiają uczniom ocenę samych siebie.

Podziękowania

Ta książka nie byłaby kompletna bez uznania ogromnej pomocy i wsparcia ze strony różnych nauczycieli akademickich w Wyższej Szkole Informatyki i Komunikacji oraz całej uczelni. Za pomyślne ukończenie tej książki chciałbym podziękować redaktorowi i kierownikowi działu inżynieryjnego, dr Josephatowi Kalezhiemu, za poświęcenie swojego cennego czasu na zapoznanie się z całą książką, przedstawiając propozycje i poprawki.

Tabela treści

WYKŁAD 1 HISTORIA KOMPUTERÓW

1.1 Wprowadzenie

Historia komputerów jest ogólnie określana jako generacja komputerowa. Termin "generowanie" będzie używany w tym module w odniesieniu do historii komputerów. Każda generacja komputerów różni się od innych rozwojem technologicznym (tj. technologią wykorzystywaną do wdrożenia/zbudowania komputera). To z kolei zmieniło sposób działania komputerów. Do chwili obecnej znanych jest pięć (5) generacji komputerów, które opierają się na cechach charakterystycznych komputerów rozwijanych od czasu do czasu. Pokolenie komputerowe to w przybliżeniu okres dziesięciu lat.

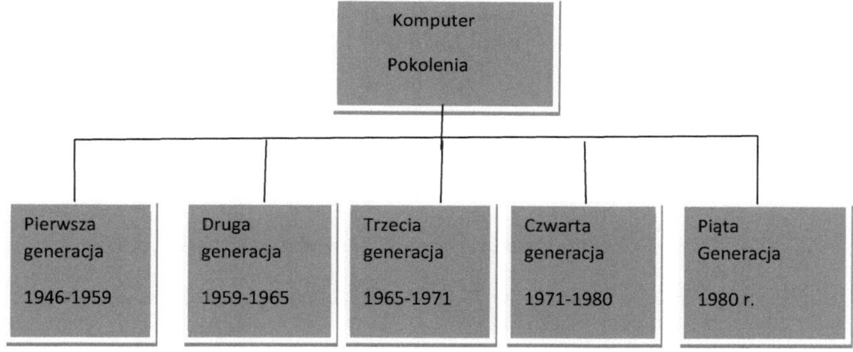

Rysunek 1: Generacje komputerowe

Autorzy różnią się pod względem dat (lat) generacji komputerów, ale najlepszą klasyfikacją jest wykorzystanie technologii wykorzystywanej do implementacji komputerów w każdej generacji. Poprzednio do definiowania generacji komputerowej wykorzystywano jedynie technologię, ale obecnie do charakteryzowania generacji komputerowych wykorzystuje się zarówno technologię, jak i oprogramowanie ((*Computer generations* n.d. www.tutorialspoint.com).

1.2 Pierwsza generacja (1946-1954).

Te komputery cyfrowe korzystały z **elektronicznych zaworów** (rur próżniowych). Rurki próżniowe były kosztowne, co uniemożliwiało wykorzystanie ich w pamięci głównej. Przechowywały one informacje w postaci propagujących się fal dźwiękowych. Lampa próżniowa ze swej natury pobierała dużo mocy, a komputery te były dużych rozmiarów i pisanie na nich programów było trudne. Niektóre z obrazów elektronicznych lamp próżniowych lub zaworów:

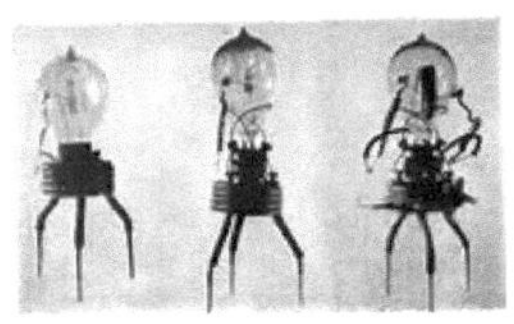 

Rysunek 2: Obrazy rurek lub zaworów elektronicznych

Ograniczenia lub wady komputerów pierwszej generacji

- używane zawory lub rury próżniowe jako ich główny element elektroniczny.
- były duże, powolne w przetwarzaniu i miały mniejszą pojemność magazynową.
- zużyła dużo energii elektrycznej i wyprodukowała dużo ciepła.
- ich możliwości obliczeniowe były ograniczone.
- nie były tak dokładne i wiarygodne.
- używali języka maszynowego do programowania.
- były bardzo drogie.

Przykładami popularnych komputerów pierwszej generacji są:

- Elektroniczny Integrator Numeryczny i Kalkulator (ENIAC) opracowany w 1946 r.
- Komputer automatyczny do elektronicznego przechowywania danych z opóźnieniami (EDSAC) 1949
- Uniwersalny Komputer Księgowy (UNIVAC-1) powstał w 1951 roku i był pierwszym komputerem używanym komercyjnie.
- International Business Machine (IBM 650) i inne.

1.3 Druga generacja (1955-1964)

W komputerze drugiej generacji zastosowano tranzystory dla komponentów jednostki centralnej (CPU), rdzenie ferrytowe dla pamięci głównej i dyski magnetyczne dla pamięci dodatkowej. Używano języków wysokiego poziomu, takich jak tłumaczenie formuły (FORTRAN 1956), język algorytmów (ALGOL 1960) i wspólny język biznesowy (COBOL 1960 - 1961). Komputery drugiej generacji zawierały procesor wejścia/wyjścia do kontroli operacji wejścia/wyjścia.

Rysunek 3: (a) Obraz tranzystorowy

Rysunek 4: a) diagram tranzystorowy n-p-n b) diagram p-n-p tranzystora

Na rysunku 4(a) i (b) B jest podstawą, C jest kolektorem, a E jest emiterem.

W komputerach drugiej generacji opracowano języki programowania takie jak COBOL, FORTRAN. Niektóre przykłady komputerów drugiej generacji zawierały:

- IBM 1620: Jego rozmiar był mniejszy w porównaniu z komputerami pierwszej generacji i używany głównie do celów naukowych
- IBM 1401: Jego rozmiar był mały lub średni i używany do zastosowań biznesowych
- CDC 3600: Jego rozmiar był duży i jest używany do celów naukowych.

Cechy charakterystyczne komputerów drugiej generacji

- Zamiast rur próżniowych użyto tranzystorów.
- Szybkość przetwarzania jest szybsza niż w przypadku komputerów pierwszej generacji (Micro Second)
- Mniejszy w rozmiarze (51 stóp kwadratowych)
- Urządzenia wejściowe i wyjściowe były szybsze.

Przykład: Seria IBM 1400 i 7000, Control Data 3600 i inne.

1.4 Trzecie pokolenie (1964-1977)

Komputery te zostały zaimplementowane z wykorzystaniem układów scalonych (IC) lub chipów. Mały układ scalony ma pojemność 300 tranzystorów. Te układy scalone są popularnie znane jako *chipy*. Pojedynczy układ scalony ma wiele tranzystorów, rejestrów i kondensatorów zbudowanych na jednym cienkim kawałku krzemu. Ponieważ tranzystory są niewielkich rozmiarów w porównaniu z lampami próżniowymi, rozmiary komputerów uległy dalszej redukcji. Niektóre komputery opracowane w tym okresie to IBM-360, ICL-1900, IBM-370 i VAX-750. W tym okresie opracowano język wyższego poziomu, taki jak BASIC (Beginners

All-purpose Symbolic Instruction Code). Komputery tej generacji miały niewielkie rozmiary, niskie koszty, dużą pamięć, a szybkość przetwarzania jest bardzo duża.

Rysunek 5: Obraz układu scalonego

Cechy charakterystyczne komputerów trzeciej generacji

- W miejsce tranzystorów zastosowali oni układy scalone (IC).
- Zastosowano półprzewodnikowe urządzenia pamięciowe.
- Rozmiar został znacznie zredukowany, szybkość przetwarzania była duża, były one bardziej dokładne i niezawodne.
- Opracowano również technologię Large Scale Integration (LSI) oraz Very Large-Scale Integration (VLSI).
- Mini komputery zostały wprowadzone w tej generacji.
- Do programowania używali języka wysokiego poziomu.

Najbardziej popularnymi przykładami tego pokolenia są: IBM 360, IBM 370 i inne.

1.5 Czwarte pokolenie (1971-1980)

Komputery czwartej generacji zostały opracowane z wykorzystaniem wielkoskalowych układów scalonych (LSI). Układ scalony zawierający około 100 komponentów nazywany jest LSI (Large Scale Integration), a ten, który zawiera ponad 1000 takich komponentów, nazywany jest VLSI (Very Large-Scale Integration). Wykorzystuje on układy scalone o dużej skali integracji (LSIC) zbudowane na pojedynczym układzie krzemowym, zwanym mikroprocesorem. Układ ten (Intel 4004), opracowany przez firmę Intel w 1971 roku, pomógł w zmniejszeniu rozmiarów komputera. Dzięki opracowaniu mikroprocesora możliwe jest umieszczenie na jednym chipie jednostki centralnej (CPU), pamięci i kontroli wejść/wyjść komputera (Burns, D. n.d. *The five generations of computer*, www.btob.co.nz).Komputery te nazywane są mikrokomputerami. Później bardzo duże układy scalone (VLSIC) zastąpiły układy LSIC. Tak więc komputer, który we wcześniejszych czasach zajmował bardzo duże pomieszczenie, mógł być teraz ustawiony na stole.

Rysunek 6: Integracja w bardzo dużej skali (VLSI)

Komputer osobisty (PC), który widzimy teraz w naszych szkołach lub w naszych domach, jest komputerem czwartej generacji. W pamięci głównej wykorzystano szybkie chipy półprzewodnikowe o pojemności do 4 MB. Dyski twarde były używane jako pamięć dodatkowa. Opracowano klawiatury, drukarki igłowe itp. Dostępne były systemy operacyjne takie jak MS-DOS, UNIX i Apple Macintosh. Opracowano język obiektowy, C++ i inne.

Cechy charakterystyczne komputerów czwartej generacji

- Jako głównego elementu przełączającego użyli mikroprocesora (VLSI).
- Nazywane są one również mikro-komputerami lub komputerami osobistymi.
- Ich rozmiary różnią się w zależności od komputera stacjonarnego, laptopa czy palmtopa.
- Charakteryzują się bardzo dużą prędkością przetwarzania; są w 100% dokładne, niezawodne, sumienne i wszechstronne.
- Mają one bardzo dużą pojemność magazynową.

Przykłady komputerów czwartej generacji obejmują: IBM PC, Apple-Macintosh i inne.

1.6 Piąte pokolenie (od 1991 r.)

Klasyfikacja 5-tej generacji według samej technologii jest dyskusyjna. Niektórzy autorzy twierdzą, że technologia jest wciąż ta sama (układy scalone) i tylko skalowanie się zmieniło. Komputery piątej generacji wykorzystują układy scalone ULSI (Ultra-Large-Scale Integration). Miliony tranzystorów są umieszczone w jednym układzie scalonym w układach ULSI. W tym okresie opracowano 64-bitowe mikroprocesory. Opracowano architekturę przepływu danych i EPIC tych procesorów.

Rysunek 7: Integracja w ultra dużej skali (ULSI)

Reduced Instruction Set Computer (RISC) i Complex Instruction Set Computers (CISC), oba te typy konstrukcji są stosowane w nowoczesnych procesorach. Opracowano układy pamięci i pamięci flash do 1 GB, dyski twarde do 600 GB i dyski optyczne do 50 GB. Komputer cyfrowy piątej generacji to sztuczna inteligencja.

Charakterystyka komputerów piątej generacji

Komputery piątej generacji charakteryzują się szczególnymi cechami, a niektóre z nich są następujące:

- Używaj inteligentnych języków programowania takich jak List Processor (LISP), Programming Logic (PROLOG), Python i innych.
- Wykorzystanie wysokowydajnego systemu wieloprocesorowego
- Posiadają łatwe w obsłudze interfejsy komputera ludzkiego
- Stosowanie opartych na wiedzy technik rozwiązywania problemów

Działalność

1 Rozważ rozmiar komputera pierwszej generacji do współczesnych laptopów i powiedz, co sądzisz o następujących kwestiach: Rozmiar, szybkość, niezawodność i dokładność. Jaki jest twój wniosek?

2 Różnica pomiędzy komputerami czwartej i piątej generacji jest dyskusyjna w odniesieniu do stosowanej technologii sprzętowej. Poprzyj lub odrzuć to stwierdzenie.

3 Co jest najbardziej niezwykłego w komputerach czwartej generacji?

Środki na poszukiwanie:

William Stallings, *Computer Organization and Architecture*, s. 17-18 Computer Generations:

http://www.tutorialspoint.com/computer_fundamentals/computer_generations.htm

Vangie Beal *The five Generations of Computer*, September 01, 2016 www.webopedia.com/DidYouKnow/Hardware_software/FiveGenerations.asp

Najmi , (13 sierpnia 2004 r.) http://www.techiwarehouse.com/engine/a046ee08/Generations-of-Computer

Dinesh Thakur. Nd *History of Computers* http://ecomputernotes.com/fundamental/introduction-to-computer/what-are-different-computer-generations-explain-in-brief

Ćwiczenie

1 Nie ma żadnych różnic technologicznych w zakresie implementacji sprzętu pomiędzy komputerami czwartej i piątej generacji. Jak można zatem odróżnić komputery 4. i 5. generacji?

2 Porównaj i skontrastuj komputery trzeciej i czwartej generacji w następujący sposób:

- Technologia realizacji
- Oprogramowanie
- Rozmiar
- Prędkość
- Obszary zastosowań

3 Komputery pierwszej generacji zostały zbudowane na zasadzie programu przechowywanego przez Von Neumanna. Wyjaśnij podstawową koncepcję tej zasady

WYKŁAD 2 KOMPONENTY KOMPUTEROWE

2.1 Główne komponenty systemu komputerowego

Głównymi składnikami systemu komputerowego są:

- Jednostka wejściowa
- Centralna jednostka obliczeniowa (CPU)
- Pamięć główna
- Jednostka wyjściowa.
- Magazynowanie wtórne

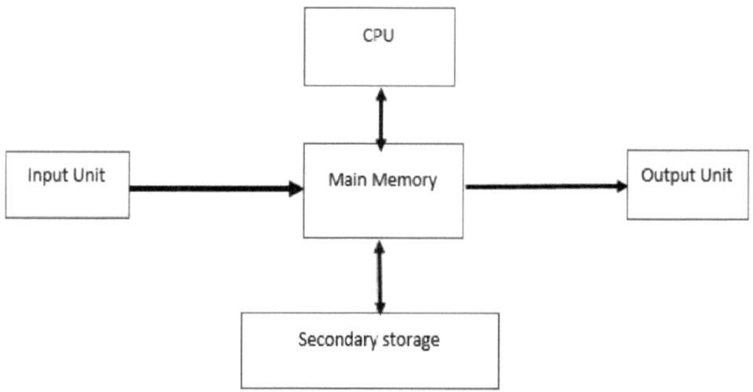

Rysunek 7: Podstawowe elementy składowe komputera

2.2 Funkcjonalne części składowe systemu komputerowego

Komponenty systemu komputerowego przedstawione na rysunku 7 powyżej mogą być rozszerzone na komponenty funkcjonalne, jak pokazano na rysunku 8 poniżej. Są to:

- PROCESOR
- ALU
- Pamięć główna
- Jednostka wejściowa
- Jednostka wyjściowa
- Magazynowanie wtórne

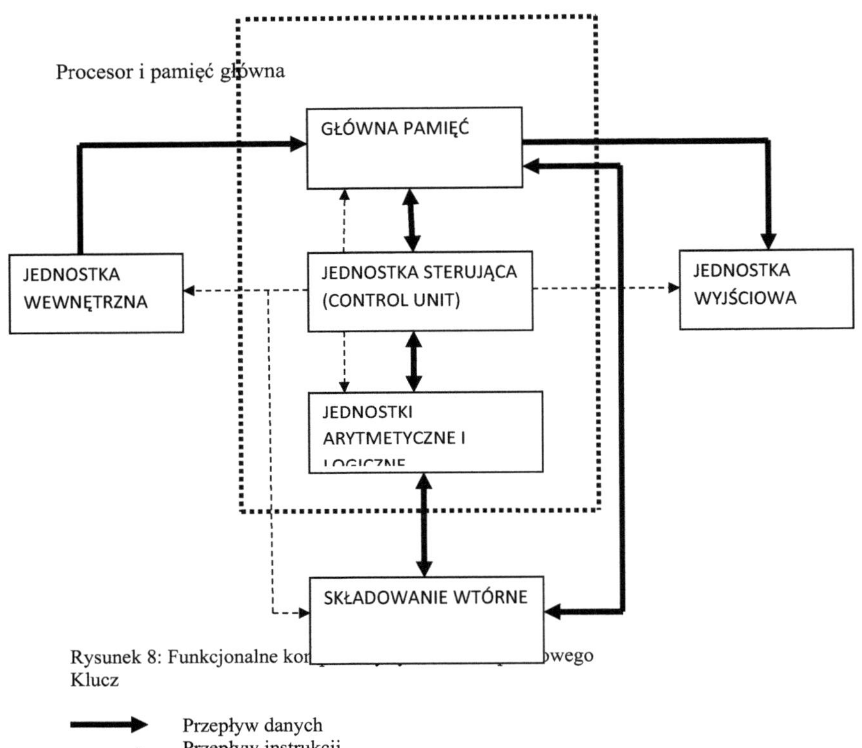

Rysunek 8: Funkcjonalne ko wego

2.3 Części składowe i ich funkcje

2.3.1 Jednostka wejściowa

Celem jednostki wejściowej jest akceptacja danych i przekształcenie ich w akceptowalną formę, na przykład dane dziesiętne lub alfabetyczne muszą być przekształcone na dane binarne (szereg binarnych i zer), które są zrozumiałe dla komputera. Obecnie istnieje wiele różnych urządzeń wejściowych, ale klawiatura i mysz są obecnie najczęściej używane. Przykładami urządzeń wejściowych są:

- Keyboard
- Mysz
- Czytnik kart
- Czytnik kodów kreskowych
- Wejście głosowe i inne.

2.3.2 Jednostka sterująca

Celem jednostki sterującej jest pobranie instrukcji z pamięci głównej, zdekodowanie instrukcji i wywołanie jej wykonania przez którąkolwiek z pozostałych jednostek, na przykład instrukcja arytmetyczna byłaby wykonana przez jednostkę arytmetyczną (AU), a logiczna lub logiczna (LU). Jednostka sterująca koordynuje więc działanie całego systemu komputerowego.

2.3.3 Pamięć główna

Pamięć główna składa się z dwóch części:

- Pamięć Random Access Memory (RAM)
- Pamięć tylko do odczytu (ROM)

Pamięć RAM jest używana do przechowywania danych, które są w bieżącej eksploatacji. Ten typ pamięci jest zmienny i w przypadku przerwy w dostawie prądu utraci całą swoją zawartość. Pamięć ROM jest używana do trwałego przechowywania danych lub informacji, a w przypadku przerwy w zasilaniu nie następuje utrata wcześniej przechowywanych informacji lub danych. Jest więc nazywana nieulotną. ROM jest zaprogramowany i wprowadzony przez producenta.

Zwróć uwagę, że ROM jest również dostępny losowo, ale losowo jest nieaktywny w ROM. ROM jest używany do przechowywania programów systemu operacyjnego (oprogramowania systemowego), które były używane do uruchamiania systemu komputerowego.

2.3.4 Jednostki arytmetyczne i logiczne (ALU)

Celem tej jednostki jest wykonywanie wszystkich operacji arytmetycznych, takich jak dodawanie, odejmowanie, dzielenie i inne. Funkcją jednostki logicznej jest logika procesowa lub operacje boole'owskie, takie jak porównywanie dwóch liczb w celu stwierdzenia, czy są one takie same lub ORing dwóch liczb binarnych i innych.

2.3.5 Jednostka wyjściowa

Celem tej jednostki jest przekształcenie danych z postaci maszynowej na postać odpowiednią do zrozumienia przez człowieka, np. z danych binarnych na dziesiętną lub tekst, który człowiek może zrozumieć. Istnieje szereg urządzeń wyjściowych, ale najbardziej popularne są:

- Drukarka
- Jednostka wyświetlacza wizualnego (VDU)
- Ploter
- Wyjście komputerowe na mikrofilmie(COM)
- Syntezator głosu i inne.

2.3.6 Magazynowanie wtórne

Urządzenie to znane jest pod kilkoma nazwami, takimi jak stałe przechowywanie, przechowywanie masowe, przechowywanie nieporęczne i inne. Jej celem jest stałe przechowywanie danych do wykorzystania w przyszłości. Przykłady wtórnych urządzeń pamięci masowej obejmują między innymi:

- Tarcze magnetyczne
- Taśmy magnetyczne
- Dyskietki
- Pendrive'y USB i inne.

Ćwiczenie

1 Projektant systemu komputerowego miał na myśli system manualny. Narysuj schemat systemu manualnego, który odpowiada systemowi komputerowemu i wyjaśnij go:

- Jego podstawowe części (komponenty)
- Jego działanie

2 Komputer jest lepszy od człowieka. Czy jest to prawdziwe odzwierciedlenie systemu komputerowego?

3 Uwzględnić różne dostępne urządzenia wejściowe i wyjściowe i sklasyfikować je zgodnie z obszarami zastosowań.

Środki na poszukiwanie:

French, C.S. (1996) Data *Processing and Information Technology (przetwarzanie danych i technologie informatyczne)*

William Stalling (2006), *Organizacja i architektura komputerowa*, s. 19-20

Manas Singh *Podstawowe jednostki funkcjonalne systemu komputerowego,* styczeń 04, 2013. Dostępny od:www.discuss.desk.com/what-are-the-basic-functional-units-of-a-computer-system.htm.

Francuski, C.S.(1996) *Przetwarzanie danych i technologie informatyczne*

http://searchsoftwarequality.techtarget.com/definition/garbage-in-garbage-out

http://bpastudio.csudh.edu/fac/lpress/vbmodules/hdts/computerComponents.htm

Ćwiczenie

1 Komputer jest zdefiniowany jako system, dlaczego błędem byłoby definiowanie go jako urządzenia?

2 Pamięć główna komputera jest podzielona na pamięć Random Access Memory (RAM) i Read Only Memory (ROM), które są głównym wyróżnikiem tych dwóch pamięci.

3 System komputerowy kojarzy się z zasadą "śmieci w środku, śmieci na zewnątrz (GIGO)", czy zgadzasz się z tą zasadą? Tak/nie? Wyjaśnij swoją odpowiedź w obu przypadkach.

WYKŁAD 3 SYSTEMY LICZBOWE

3.1 Wprowadzenie

System liczbowy definiuje zestaw wartości używanych do reprezentacji ilości. Mówimy o liczbie osób uczęszczających na zajęcia, liczbie modułów odbytych na jednego ucznia, a także o tym, że liczby reprezentują oceny uzyskane przez uczniów w testach. Kwantyfikacja wartości i pozycji w stosunku do siebie jest dla nas pomocna, aby nadać sens naszemu otoczeniu. Badanie systemów liczbowych nie ogranicza się tylko do komputerów. Codziennie stosujemy liczby, a wiedza o tym, jak działają liczby, daje nam wgląd w to, jak komputer manipuluje i przechowuje liczby.

3.2 Wartości bazowe

Podstawową wartością systemu liczbowego jest liczba różnych wartości, które zestaw ma przed powtórzeniem. Dla przykładu, system dziesiętny ma podstawę dziesięciu wartości, od 0 do 9.

Dziesiątkowy = 10 (0 - 9)

Binarny = 2 (0, 1)

Octal = 8 (0 - 7)

Szesnastkowy = 16 (0 - 9, A-F)

Ograniczymy się do powyższych systemów liczbowych ze względu na ich zastosowanie w dziedzinie informatyki.

3.3 System liczb dziesiętnych (Baza 10)

Ten system bazowy numerów jest również nazywany systemem denarów i jest najbardziej powszechny dla nas, jako istot ludzkich, ponieważ używamy go w naszym codziennym życiu do obliczeń i liczenia. Używa on dziesięciu (10) różnych symboli do przedstawiania wartości. Ustawione wartości dziesiętne to 0 1 2 3 4 5 6 7 8 9 i 0 ma najmniejszą wartość, a dziewięć największą. Cyfra po lewej stronie ma największą wartość, podczas gdy cyfra po prawej stronie ma najmniejszą wartość. Aby policzyć w bazie dziesiątej, przechodzimy od 0 do 9, a następnie wykonujemy kombinacje dwóch cyfr od 10 aż do 99. Aby policzyć w bazie dziesiątej, przechodzimy od 0 do 9, a następnie wykonujemy kombinacje dwóch cyfr od 10 aż do 99. Po 99 przychodzą kombinacje trzycyfrowe od 100 do 999, itd. Ten system kombinacji jest prawdziwy dla każdej bazy, której używasz. Jedyną różnicą jest to, ile cyfr masz przed przejściem do następnej kombinacji.

Chociaż jest to najbardziej rozpowszechniony system bazy numerów używany w naszym codziennym życiu, komputery nie wykorzystują tej bazy do reprezentowania danych/informacji.

3.4 System numerów binarnych (Baza 2)

Binarny system liczbowy wykorzystuje dwie wartości do przedstawiania liczb. Wartości te to: 0 i a 1. Te dwie wartości mają również interpretację FALSE dla 0 i TRUE dla 1, LOW dla 0 i HIGH dla 1, OFF dla 0 i ON dla 1. Zero (0) ma najmniejszą wartość, a jeden (1) ma największą wartość. Najmniejsza wartość jest również nazywana bitem najmniej znaczącym (LSB), największa wartość bitem najbardziej znaczącym (MSB). Aby policzyć w bazie drugiej, należy policzyć 0,1, następnie przełączyć na kombinacje dwucyfrowe, 10,11, następnie na kombinacje trzycyfrowe, 100, 101,110,111, następnie czterocyfrowe, 1000, _____,_______ , ..., 1111

3.5 Octal Base System (podstawa 8)
System liczb ósemkowych wykorzystuje osiem wartości do przedstawiania liczb. Są to wartości 0, 1,2, 3, 4, 5, 6, 7, gdzie 0 ma najmniejszą wartość, a siedem największą. Liczby te mogą być używane przez programistów języka maszynowego jako krótka ręka dla numerów binarnych. Trzy cyfry binarne są równoważne z jedną cyfrą ósemkową. Na przykład . $6_8 \approx 110_2$

3.6 System liczb szesnastkowych (Baza16)
System liczb szesnastkowych wykorzystuje szesnaście wartości do reprezentacji liczb. Wartości te to: 0 1 2 3 4 5 6 7 8 9 A B C D E F, gdzie 0 ma najmniejszą wartość, a F największą. Liczby te, takie jak liczby ósemkowe, mogą być również używane przez programistów maszyn i języków montażowych w celu ułatwienia programowania niskiego poziomu. Cztery cyfry binarne są równoważne jednej cyfrze szesnastkowej. Na przykład $9_{16} = 1001_2$

3.7 Konwersja liczb dziesiętnych na liczby binarne

Istnieje wiele sposobów przeliczania między wartościami dziesiętnymi i binarnymi. W tej książce zostaną rozważone trzy metody; pozostałe twierdzenia nazywają się również metodą podziału i metodą Binary Exponential Placeholders dla liczb całkowitych (część integralna) oraz metodą mnożenia dla wartości dziesiętnych (część ułamkowa).

Metoda 1: Zastosowanie pozostałej części twierdzenia

Kroki

1. Podziel liczbę dziesiętną przez 2, a następnie zanotuj resztę

2. Podzielić iloraz przez 2 i odnotować pozostałą część

3. Powtarzać krok 2, aż numer przestanie być dzielony przez 2.

4. Zapisać pozostałe wartości w odwrotnej kolejności.

Przykład 1
Przekształcić 15010 na binarne, stosując metodę podziału

Dec number	Quotient	Remainder
150/2	75	1
75/2	38	1
38/2	17	0
18/2	9	1
9/2	4	1
4/2	2	0
2/2	1	0
1/2	0	1

Zatem binarny odpowiednik 15010 wynosi 10010112.

Przykład 2

Przekształcić 13210 na ekwiwalent binarny

Dec Number	Quotient	Remainder
132/2	66	0 LSB
66/2	33	0
33/2	17	1
17/2	8	1
8/2	4	0
4/2	2	0
2/2	1	0
1/2	0	1 MSB

Zatem binarny odpowiednik 13210 wynosi 100001002

3.8 Metoda 2: Używanie binarnych wykładniczych podstaw podstawek (Binary Exponential Placeholders).

Metoda ta wykorzystuje dwuskładnikowy system ważenia i jest również czasami określana jako podejście 8:4:2:1. Każda kolumna reprezentuje potęgę 2. Aby wszystko było łatwe należy znać binarne uchwyty wykładnicze.

Przykład 1

Przekształcić 1110 na jego binarny odpowiednik.

Najwyższa moc dwóch liczb najbliższych jedenastu to 3, więc ^{23} to 8

Piszemy 842
1011

Zadajemy sobie pytanie, czy można odjąć 8 od 11? Odpowiedź brzmi: tak, piszemy jedno pod kolumną 8. Odejmujemy 8 od 11, a odpowiedź brzmi 3. Następna najwyższa moc dwóch to 4. Zadajemy sobie pytanie, czy 4 można odjąć od 3? Odpowiedź brzmi nie. Pod kolumną 4 piszemy zero (o). Następna najwyższa potęga 2 to dwie. Zadajmy sobie pytanie, czy dwie można odjąć od 3. Odpowiedź brzmi tak i piszemy 1 pod kolumną 2. Od 3 odejmujemy 2 od 3. Odpowiedzią jest 1. Następna najwyższa potęga dwójki to 1. Zadajemy sobie pytanie, czy można odjąć 1 od 1? Odpowiedź brzmi: tak, piszemy 1 pod kolumną 1.

Więc 1110 jest odpowiednikiem 10112

Przykład 2:

Przekształć rok 19710 na binarny za pomocą Binary Exponential Placeholders. Najwyższa liczba binarnych Wykładniczych Użytkowników obok 197 wynosi 128, czyli ^{27}. Jeśli 128 można odjąć od 197, piszemy 1 w kolumnie 128, odejmujemy 128 od 197. Odpowiedź brzmi 69. Jeśli 64 można odjąć od 69, to w kolumnie 64 piszemy 1. Od 69 odejmiemy 64. Odpowiedź brzmi 5. Nie można odjąć 32 od 5. W kolumnie 32 wpisujemy zero (0). Następna kolumna to 8, której nie można odjąć od 5, a w kolumnie 8 stawiamy 0. Następna kolumna to kolumna 4. 4 można odjąć od 5, więc w kolumnie 4 umieszczamy 1. Odejmujemy 4 od 5 i otrzymujemy odpowiedź 1. Następna kolumna to 2 i 2 nie mogą być odjęte od 1 i wpisujemy 0 w kolumnie 2. Następna kolumna to 1 i 1 może być odjęta od 1, więc umieszczamy 1 w kolumnie 1.

Masa dodatnia	27	26	25	24	23	22	21	20
Wartość	128	64	32	16	8	4	2	1
Numer	1	1	0	0	0	1	0	1

Więc 1 1 0 0 0 1 0 $_{12}$ jest równoważne z rokiem 19710.

3.9 Metoda 3: Stosowanie metody mnożenia do przeliczania ułamków dziesiętnych na binarne

Frakcje dziesiętne są zamieniane na ekwiwalent frakcji binarnych za pomocą metody mnożenia.

Kroki

1. Zapisać ułamek dziesiętny

2. Pomnożyć ułamek dziesiętny przez 2.
3. Zapisz całą część liczbową
4. Powtarzać kroki 2 i 3 aż do osiągnięcia stopnia dokładności.
5. Zapisz całe numery w kolejności, w jakiej je stworzyłeś.

Należy zwrócić uwagę, że przy przeliczaniu ułamków dziesiętnych na ich binarne odpowiedniki, powinniśmy robić to z określoną dokładnością, tj. ilością potrzebnych miejsc po przecinku. W przypadku stosowania frakcji binarnych zaleca się stosowanie mniejszej liczby miejsc po przecinku, ponieważ wraz ze wzrostem liczby miejsc po przecinku stają się one bardzo niedokładne.

Przykład1:

Przeliczyć 0,12510 na ekwiwalent binarny

$.125 \times 2 = 0.250$ whole number part = 0 MSB

$.250 \times 2 = 0.500$ whole number part = 0

$.500 \times 2 = 1.000$ whole number part = 1 LSB

Zatem równowartość binarna 0,12510 wynosi 0012

Przykład 2:

Przeliczyć 0,25510 na ekwiwalent binarny

$.255 \times 2 = 0.510$ whole number part = 0 MSB

$.510 \times 2 = 1.020$ whole number part = 1

$.020 \times 2 = 0.040$ whole number part = 0 LSB

Zatem równowartość binarna 0,25510 wynosi 0,0102

Główną wadą konwersji ułamków dziesiętnych na binarne jest to, że w procesie konwersji może dojść do utraty pewnej precyzji, na przykład nie wszystkie kończące się ułamki dziesiętne mają dwójkowy odpowiednik, a przykład 2 powyżej to nie kończące się ułamki binarne. Gdy zakryjemy 0,0102 z powrotem do wartości dziesiętnych, otrzymamy 0,25010, a nie 0,25510.

Przykład 3:

Przekształcić 132.12510 na ekwiwalent binarny

Ten przykład obejmuje konwersję mieszanych liczb dziesiętnych na binarne. Użyj poniższych kroków, aby przekonwertować taką liczbę:

Kroki

1. 1. Użyj pozostałego twierdzenia, aby przekształcić liczbę dziesiętną na binarną
2. Metoda mnożenia służy do przeliczania ułamka dziesiętnego na dwuskładnikowy.
3. Wpisać binarną część całkowitą, po której następuje kropka, a następnie część ułamkową.

Część liczbową (całkowitą) przeliczamy metodą dzielenia

Działalność

1 Dlaczego przy przeliczaniu ułamków dziesiętnych powinniśmy mieć na uwadze stopień dokładności?
2 Przekształć 0,64710, aby pomóc Ci odpowiedzieć na pytanie.
3 Możesz również zweryfikować poprawność swojej odpowiedzi, pracując z ułamkami dziesiętnymi z 4 lub 5 miejscami po przecinku.

Przeliczyć (.12510) na frakcję binarną

Część ułamkową (.12510) zamieniamy na binarny odpowiednik metodą mnożenia.

$.125 \times 2 = 0.250$ whole number part = 0 MSB

$.250 \times 2 = 0.500$ whole number part = 0

$.500 \times 2 = 1.000$ whole number part = 1 LSB

Dlatego też 132.12510 jest odpowiednikiem 10000100.0012

3.10 Konwersja liczb dziesiętnych na system liczb ósemkowych

Do konwersji z dziesiętnych i ósemkowych zostaną użyte dwie metody; pozostałe twierdzenia nazywają się również metodą podziału i liczbami całkowitymi oraz metodą mnożenia ułamków dziesiętnych.

Metoda 1: Zastosowanie pozostałej części twierdzenia

Kroki

1. 1. Podziel liczbę dziesiętną przez 8 i zanotuj resztę
2. Podziel to, co pozostało (iloraz) przez 8 i zanotuj resztę
3. Powtarzać krok 2, aż liczba nie będzie już podzielna przez 8.
4. 4. Zapisać pozostałe wartości w odwrotnej kolejności.

Przykład 1

Przeliczyć 17610 w układzie ósemkowym na dziesiętny

$$\frac{176}{8} = 22 \text{ remainder } 0 \quad \text{LSB}$$

$$\frac{22}{8} = 2 \text{ remainder } 6$$

$$\frac{2}{8} = 0 \text{ remainder } 2 \quad \text{MSB}$$

Zatem ekwiwalent ośmiokrotny 17610 wynosi 2608

Metoda 2: Zastosowanie metody mnożenia w celu przekształcenia ułamków dziesiętnych na układ ósemkowy

Kroki

1. Zapisać ułamek dziesiętny
2. Pomnożyć ułamek dziesiętny przez 8.
3. Zapisz całą część liczbową
4. Powtarzać kroki 2 i 3 aż do osiągnięcia stopnia dokładności.
5. Zapisz całe numery w kolejności, w jakiej je stworzyłeś.

Przykład 1:

Przeliczyć 0,062510 na odpowiednik układu liczb ósemkowych

$.0625 \times 8 = 0.500$ whole number part $= 0$ MSB

$.500 \times 8 = 4.000$ whole number part $= 4$ LSB

Zatem ekwiwalent ośmiokrotny 0,062510 wynosi $0{,}4_8$

Przykład 2:

Przeliczyć 176.062510 na ekwiwalent oktalny

Ten przykład obejmuje konwersję mieszanych liczb dziesiętnych na dziesiętne. Użyj poniższych kroków, aby przekonwertować taką liczbę:

Kroki

1. 1. Użyj pozostałego twierdzenia do przeliczenia liczby dziesiętnej na ósemkową
2. 2. użyć metody mnożenia, aby przekształcić ułamek dziesiętny na ułamek ósemkowy
3. Zapisać część oktalną, po której następuje kropka, a następnie część ułamkową.

Część liczbową (całkowitą) przeliczamy metodą dzielenia

$$\frac{176}{8} = 22 \text{ remainder } 0 \quad \text{LSB}$$
$$\frac{22}{8} = 2 \text{ remainder } 6$$
$$\frac{2}{8} = 0 \text{ remainder } 2 \quad \text{MSB}$$

Tak więc ekwiwalent ósemkowy wynosi 2608

Część ułamkową (0,062510) zamieniamy na odpowiednik binarny metodą mnożenia.

$$.0625 \times 8 = 0.500 \text{ whole number part} = 0 \quad \text{MSB}$$
$$.500 \times 8 = 4.000 \text{ whole number part} = 4 \quad \text{LSB}$$

Zatem 176 062510 jest równoważne 260 048

3.11 Konwersja liczb dziesiętnych na system liczb szesnastkowych

Kroki stosowane do konwersji liczb dziesiętnych na binarne i ósemkowe mają również zastosowanie przy konwersji liczb dziesiętnych na szesnastkowe.

Metoda 1: Zastosowanie pozostałej części twierdzenia

Kroki

1. 1. Podziel liczbę dziesiętną przez 16 i zanotuj resztę
2. Podziel to co zostało przez 16 i zanotuj resztę
3. Powtarzać krok 2, aż liczba nie będzie już podzielna przez 16.
4. Zapisać pozostałe wartości w odwrotnej kolejności.

Przykład

Konwersja 51010 na system liczb szesnastkowych

$$\frac{510}{16} = 31 \text{ remainder } 14 \quad \text{LSB}$$
$$\frac{31}{16} = 1 \text{ remainder } 15$$
$$\frac{1}{16} = 0 \text{ remainder } 1 \quad \text{MSB}$$

Tak więc odpowiednikiem szesnastkowym jest EF116

Metoda 2: Zastosowanie metody mnożenia w celu przekształcenia ułamków dziesiętnych na szesnastkowe

Kroki

1. Zapisać ułamek dziesiętny
2. Pomnożyć ułamek dziesiętny przez 16.
3. Zapisz całą część liczbową
4. Powtarzać kroki 2 i 3 aż do osiągnięcia stopnia dokładności.
5. Zapisz całe numery w kolejności, w jakiej je stworzyłeś.

Przykład1:

Konwersja 0,0312510 na szesnastkowy ekwiwalent liczbowy w systemie szesnastkowym

$.03125 \times 16 = 0.500$ whole number part $= 0$ MSB

$.50000 \times 16 = 8.000$ whole number part $= 8$ LSB

Zatem szesnastkowy odpowiednik 0,0312510 wynosi 0,816

Przykład 2:

Przekształcić 510.0312510 na odpowiednik szesnastkowy

Ten przykład obejmuje konwersję mieszanych liczb dziesiętnych na szesnastkowe. Użyj poniższych kroków, aby przekonwertować taką liczbę:

Kroki

1. 1. Użyj pozostałego twierdzenia, aby przekształcić liczbę dziesiętną na szesnastkową
2. 2. użyć metody mnożenia, aby przekształcić ułamek dziesiętny na szesnastkowy
3. Wpisać część liczb całkowitych w systemie szesnastkowym, a następnie kropkę, a następnie część ułamkową.

Część liczbową (całkowitą) przeliczamy metodą dzielenia.

$$\frac{510}{16} = 31 \text{ remainder } 14 \quad \text{LSB}$$

$$\frac{31}{16} = 1 \text{ remainder } 15$$

$$\frac{1}{16} = 0 \text{ remainder } 1 \quad \text{MSB}$$

Zatem ekwiwalent ósemkowy to EF116

Część ułamkową (0,0312510) przeliczamy na szesnastkowy odpowiednik metodą mnożenia.

$.03125 \times 16 = 0.500$ whole number part $= 0$ MSB

$.50000 \times 16 = 8.000$ whole number part $= 8$ LSB

W związku z tym 510.0312510 jest równoważne z EF1.0816

3.12 Konwersja z liczb binarnych na system liczb ósemkowych

Jedną z zalet reprezentacji systemu liczb binarnych jest łatwa konwersja na systemy liczb ósemkowych i szesnastkowych.

Kroki

1. Zapisz numer binarny
2. Zanurzyć binarne bity w grupy po trzy bity zaczynając od bitu najmniej znaczącego
3. Jeśli liczba bitów po lewej stronie jest mniejsza niż trzy bity, dodaj zero(y)
4. Przeliczyć grupy po trzy bity na dziesiętne
5. Zebrać razem przekonwertowane grupy, co daje równoważną liczbę ósemkową

Przykład

Konwersja 110100110012 na system liczb ósemkowych
011 010 011 001
011 = 3; 010 = 2; 011 = 3; 001= 1
Zatem 110100110012 jest odpowiednikiem 32318

3.13 Konwersja numerów binarnych na system liczb szesnastkowych

Stosuje się te same kroki, które zastosowano do przeliczania liczb binarnych na system liczb ósemkowych, z tym że zamiast zanurzać binarne bity w grupy po trzy, dzieli się je na grupy po cztery (4).

Kroki

1. Zapisz numer binarny
2. Podzielić binarne bity na grupy czterech bitów począwszy od bitu najmniej znaczącego
3. Jeśli liczba bitów po lewej stronie największej liczby bitów jest mniejsza niż cztery, to dodaj zero(y)
4. Przeliczyć grupy po cztery bity na dziesiętne
5. Ułóżcie razem przekonwertowane grupy i to daje liczbę szesnastkową

Przykład

Konwersja 110100110012 na system liczb szesnastkowych (hexadecimal)
0110 1001 1001

0110 = 6; 1001 = 9; 1001 = 9
Więc 110100110012 = 69916

Działalność

1 Weź pod uwagę następujące liczby w różnych podstawach:

- 6210 i 628 - która z tych dwóch liczb jest większa pod względem wartości
- Dlaczego tak naprawdę konieczna jest znajomość systemów baz numerów komputerowych?

2 Jak można szybko przekonwertować następujące numery bazy 10 numerów do bazy 2, 8 i 16:

(i) 25610,
(ii) 28010

3 Czy przy przeliczaniu liczb dziesiętnych na ósemkowe lub szesnastkowe można używać binarnych wykładników zastępczych?

Zasoby do dalszej eksploracji:

William Stalling (2006), *Organizacja i architektura komputerowa*, str. 693-699.

Bazy numeryczne: Wprowadzenie i Numery Binarne, Fioletowa matematyka, Dostępny na stronie: www.purplemath.com/module/numbbase.htm.

https://betterexplained.com/articles/numbers-and-bases/

Ćwiczenie

1 Wyobraź sobie świat bez systemów liczbowych, jakie problemy by się pojawiły?

2 Dlaczego uważasz, że system liczb binarnych jest preferowany do stosowania w komputerach, a nie w systemie liczb dziesiętnych?

3 W małych systemach komputerowych, takich jak blaty biurek, laptopy i inne, preferowane są systemy liczb dziesiętnych lub szesnastkowych zamiast binarnych. Wyjaśnij dwa powody dlaczego?

WYKŁADOWCA 4 KOMBINOWANE OBWODY LOGICZNE

4.1. Algebra logiczna (ang. Boolean Algebra)

Algebra logiczna jest najbardziej podstawowym narzędziem służącym do analizy i opisu działania cyfrowych obwodów logicznych. Komputery cyfrowe zbudowane są na cyfrowych obwodach logicznych, a cyfrowe obwody logiczne wywodzą się z funkcji / wyrażeń logicznych booleańskich.

Oczywistym sposobem patrzenia na funkcje Boole'a jest manipulowanie nimi w taki sam sposób, jak konwencjonalnymi/normalnymi wyrażeniami algebraicznymi, ale trzeba trzymać się zbioru reguł sformułowanych przez angielskiego matematyka George'a Boole'a.

W algebrze logicznej zmienna powiedzmy A może przyjmować tylko dwie wyceny, tj. A = 1 lub 0, które mają również interpretacje logiczne True dla A = 1 i False dla A= 0 lub High dla A= 1 i Low dla A = 0, oraz On dla A = 1 i Off dla A = 0. A = 0 jest również znany jako $\overline{A}$ (NIE A).

Podstawowymi operatorami Boole'a są:

- I (·)
- LUB (+)
- NIE (-)

Równania/wyrażenia logiczne są tworzone poprzez łączenie zmiennych logicznych z operatorami logicznymi, na **przykład:** $F = A.B + B(C + D)$. Aplikacja A.B może być napisana po prostu jako AB. Kiedy zmienne logiczne są łączone z operatorami logicznymi, z tych zależności można wyprowadzić szereg reguł. Te podstawowe reguły nazywane są postulatami lub regułami algebry logicznej. Postulaty są podstawowymi aksjomatami, czyli regułami, które udowodniły ponad wszelką wątpliwość, że są poprawne, więc nie potrzebują żadnego dowodu.

Przykłady postulatów

P1: A = 0 lub A = 1

P2: 0.0 = 0

P3: 1+0 = 1

P4: 0+0 = 0

P5: 1.1= 1

P6: 1+1=1

P7: 1.0 = 0

Te bolońskie postulaty są używane do udowodnienia praw i twierdzeń bolońskiej algebry.

4.2 Prawa algebry logicznej

Podstawowymi prawami/właściwościami algebry logicznej są:

- Commutative
- Dystrybucyjny
- Tożsamość
- Uzupełnienie
- Associative

Własność komutatywna to potwierdza: Kolejność występowania dwóch zmiennych logicznych w funkcji AND lub OR nie jest istotna, na przykład (AB = BA), (A+B) = (B+A).

Właściwość dystrybucyjna pokazuje, jak zmienna logiczna jest dystrybuowana na wyrażenie, z którym jest ANDed, na przykład A (B+C) = AB+AC lub A+BC= (A+B) (A+C).

Właściwość "identity" stwierdza, że zmienna, która jest ANDEd lub jest ORED z nią samą, wytwarza oryginalną zmienną, na przykład A.A = A lub A + A = A.

Dopełnienie jest wyprowadzone z twierdzenia inwolucyjnego, które stwierdza, że dopełnienie dopełnienia pozostawia pierwotną zmienną bez zmian.

Na przykład:

$$\overline{A} = \overline{A}$$
$$\overline{\overline{A}} = A$$

Asocjacyjne prawo/właściwość stwierdza, że kolejność ORing lub ANDing zmiennych logicznie nie ma znaczenia, na przykład (A+B) +C =A+ (B+C) lub (A.B) C = A (BC).

4.3 Twierdzenie De Morgan'a

Twierdzenie to ma największe znaczenie w tym sensie, że jest to technika zastępowania operatorów ORAZ operatorów OR i odwrotnie ORAZ NOR dla funkcji NAND za pomocą uzupełniania grupowego. Na przykład funkcja logiczna A+B po poddaniu jej twierdzeniu De Morgana tworzy równość:

$A + B = \overline{\overline{A}.\overline{B}}$ lub $\overline{AB} = \overline{A} + \overline{B}$

Uzupełnienie grupowe oznacza np. długi pasek rozciągający się na dwóch lub więcej zmiennych:

$\overline{AB}$ Pasek (-) powyżej AB jest uzupełnieniem grupy, ponieważ obejmuje dwie zmienne logiczne.

Przykłady uproszczenia wyrażenia booleańskiego przy użyciu twierdzenia De Morgana

Metoda 1: Przełamywanie długiego pręta

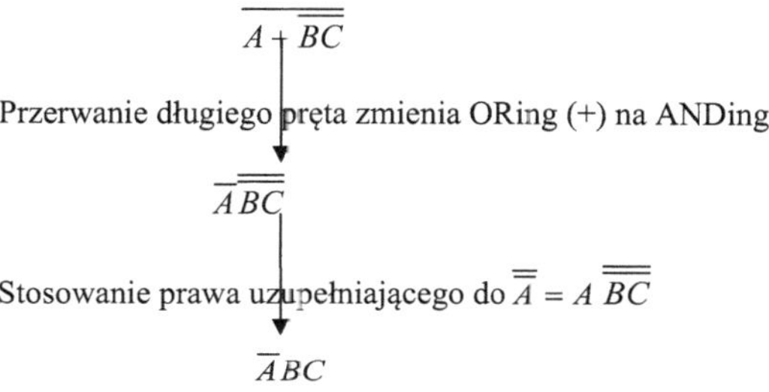

$\overline{A+\overline{\overline{BC}}}$

Przerwanie długiego pręta zmienia ORing (+) na ANDing

$\overline{A}\,\overline{\overline{BC}}$

Stosowanie prawa uzupełniającego do $\overline{\overline{A}} = A\ \overline{\overline{BC}}$

$\overline{A}BC$

Więc redukuje/wzmacnia się do $\overline{A+\overline{\overline{BC}}}$ $\overline{A}BC$

Metoda 2: Najpierw złamanie krótkiego pręta

$\overline{A+\overline{\overline{BC}}}$

Przełamanie najkrótszego pręta zmienia ORing na ANDing

$\overline{A+(\overline{B}+\overline{C})}$ Zastosowanie właściwości stowarzyszeniowej w celu usunięcia nawiasów

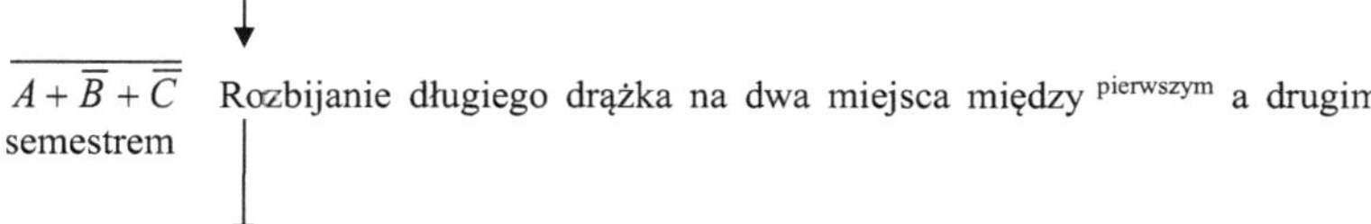

$\overline{A+\overline{B}+\overline{C}}$ Rozbijanie długiego drążka na dwa miejsca między pierwszym a drugim semestrem

$\overline{A}\bullet\overline{\overline{B}}\bullet\overline{\overline{C}}$ oraz między 2. a 3. kadencją

$\overline{A}BC$

Podsumowanie relacji w algebrze logicznej (Boolean)

T1 (a) A+B = B+A

b) A.B = B.A

T2 a) (A+B) +C = A+ (B+C)

(b) (A.B). C = A. (B.C)

T3 (a) A. (B+C) = A.B+A.C

b) (A+B). (A+C) (A+C) = A+B.C

T4 (a) A+A=A

b) A.A = A

T5 $\overline{A} = \overline{A}$

$\overline{\overline{A}} = A$

T6 a) A+A.B = A

b) A. (A+B) =A

T7 (a) 0+A = A

b) 1+A = 1

c) 1.A = A

d) 0,A = 0

T8 (a) $\overline{A} + A = 1$

(b) $\overline{A}.A = 0$

T9 (a) $A + \overline{A}.B = A + B$

(b) $A.(\overline{A} + B) = A.B$

Twierdzenie De Morgan'a T10

a) $A + B = \overline{\overline{A}.\overline{B}}$
b) $\overline{AB} = \overline{A} + \overline{B}$

Opracowane przykłady

Użyj postulatów, aby to pokazać:

$A + \overline{A}B = A + B$

$= A \bullet 1 + \overline{A}B = A + B$
$= A(1 + B) + \overline{A}B = A + B$
$= A + AB + \overline{A}B = A + B$
$= A + B(A + \overline{A}) = A + B$
$= A + B = A + B$

Pokaż to:

$\overline{A} + A\overline{C} = \overline{A} + \overline{C}$
$= \overline{A} \bullet 1 + A\overline{C} = \overline{A} + \overline{C}$
$= \overline{A}(1 + \overline{C}) + A\overline{C} = \overline{A} + \overline{C}$
$= \overline{A} + \overline{A}\overline{C} + A\overline{C} = \overline{A} + \overline{C}$
$= \overline{A} + \overline{C}(\overline{A} + A) = \overline{A} + \overline{C}$
$= \overline{A} + \overline{C} = \overline{A} + \overline{C}$

Pokaż to:

$(A + B)(A + C) = A + BC$
$= A \bullet A + A \bullet C + B \bullet A + B \bullet C = A + BC$
$= A + AC + AB + BC = A + BC$
$= A(1 + C) + AB + BC = A + BC$
$= A + AB + BC = A + BC$
$= A(1 + B) + BC = A + BC$
$= A + BC = A + BC$

Ćwiczenie

1 Pokaż to: $F = (A + B + \overline{C})(A + \overline{B} + \overline{C}) = A + \overline{C}$

2 Uprość funkcję Boolean: $F = \overline{A}\overline{B}\overline{C}D + \overline{A}\overline{B}CD + A\overline{B}\overline{C}D + A\overline{B}CD + AB\overline{C}D + ABCD$

3 Pokaż to: $F = (A \oplus B \oplus AB)(A \oplus C \oplus AC) = A + BC$

Materiał do dalszych poszukiwań:

Nave, R. *De Morgan's Theorem* Retrieved from:http://www.hyperphysics-phyastr.gsu.edu/base/Electronic/DeMorgan.html#3

Morris, Mano, (1997) *Architektura systemów komputerowych*

William Stallings (2006) *Organizacja i architektura komputerowa* p 701-702

Ćwiczenie do samooceny

1 Zdefiniuj następujące prawa algebry logicznej, podając przykłady w każdym przypadku:

- Commutative
- Dystrybucyjny
- Tożsamość

1 Twierdzenie De Morgana jest znaczące w projektowaniu cyfrowych układów logicznych. Użyj twierdzenia De Morgana, aby uprościć poniższe wyrażenia booleańskie:

$$(\overline{A}\overline{B} + C)(A + B)(\overline{\overline{B} + AC})$$

3 Jakie postulaty w algebrze logicznej mają takie same skutki jak w algebrze konwencjonalnej?

Referencje

http://mathworld.wolfram.com/BooleanAlgebra.html

http://www.probabilityformula.org/demorgans-law.html#

William Stallings (2006)

WYKŁAD 5 TABELE Z PRAWDĄ

5.1 Wprowadzenie

Tabela prawdy, w algebrze logicznej jest tabelą używaną do obliczania wartości funkcjonalnej funkcji lub wyrażenia logicznego na każdej z zmiennych logicznych. Tabele prawdy są używane do pokazania lub określenia, czy funkcja logiczna zwraca 1 (prawda) czy 0 (fałsz) dla wszystkich ważnych wartości wejściowych. Tabele prawdy są popularne wśród bramek logicznych, układów kombinowanych i sekwencyjnych. Dzieje się tak, ponieważ nie ma znaczenia jak złożona jest funkcja logiczna, końcowa wartość wyjściowa jest obliczana do wartości 1 (true) lub 0 (false). Tabela prawdy składa się z kolumn dla każdej zmiennej wejściowej, na przykład (na przykład, A, i B) oraz jednej końcowej (wyjściowej) kolumny dla wszystkich możliwych wyjść (wyników) operacji logicznej, którą tabela prawdy ma reprezentować na przykład dla funkcji: F = A+B, tabela prawdy pojawi się jak pokazano w tabeli 1 poniżej:

Zmienne wejściowe		Wyjście
A	B	F
0	0	0
0	1	1
1	0	1
1	1	1

Tabela 1: Tabela prawdy dla funkcji logicznej F= A + B

A i B są dwiema zmiennymi boole'owymi, a F jest wyjściem. Wartości w kolumnach A i B są znane jako możliwe kombinacje wejściowe, a te w kolumnie F są nazywane możliwymi wynikami dla każdej kombinacji wejściowej dla A i B. Jeśli użyta jest tylko jedna zmienna logiczna, tabela prawdy ma tylko dwie kolumny, jedna kolumna dla zmiennej, a druga dla wyników (wyjście). Możliwe kombinacje wejściowe dla jednej zmiennej logicznej to dwie, a wyjścia to również dwie. Zobacz tabelę poniżej funkcję logiczną F = A:

Tabela 2: Tabela prawdy dla funkcji logicznej F = A

Wejście:	Wyjście
A	F
0	0
1	1

Jeśli funkcja boole'owska posiada trzy (3) zmienne, to istnieją trzy kolumny wejściowe i jedna kolumna wyjściowa (wyników). Istnieje osiem możliwych kombinacji wejściowych i osiem możliwych wyników, po jednej dla każdej kombinacji wejściowej. Aby obliczyć liczbę możliwych kombinacji wejść, należy zwiększyć liczbę zmiennych wejściowych jako potęgę dwóch, na przykład dla jednej zmiennej wejściowej, 21=2, dla dwóch zmiennych wejściowych ^{22} = 4 i dla trzech zmiennych wejściowych 23=8, a dla czterech wejść ^{24} = 16. W tym module będą używane tylko funkcje boole'owe z czterema zmiennymi. Poniższa tabela przedstawia tabelę trzech zmiennych prawdy:

Tabela 3: Trzy zmienne Tabela prawdy funkcji booleańskich

Zmienne wejściowe			Wyjście
A	B	C	F
0	0	0	0
0	0	1	1
0	1	0	1
0	1	1	0
1	0	0	1
1	0	1	0
1	1	0	0
1	1	1	1

Wyniki (wyjścia) w kolumnie F mogą być podane dowolnie i nie należy się martwić o sposób ich obliczenia). Istnieje rozdział poświęcony obliczeniom wyników funkcji booleańskich.

5.2 Formy wyrażeń logicznych

Weź pod uwagę liczbową reprezentację funkcji logicznej podaną w poniższej tabeli z trzema zmiennymi:

Tabela 4: Tabela trzech zmiennych prawdy

Dec	A	B	C	F
0	0	0	0	1
1	0	0	1	0
2	0	1	0	0
3	0	1	1	1
4	1	0	0	0
5	1	0	1	1
6	1	1	0	1
7	1	1	1	0

W powyższej tabeli prawdy, wartości Dec są wartościami dziesiętnymi, czyli podstawowymi dziesięcioma reprezentacjami, A, B, C są zmiennymi boole'owymi, a F jest wyjściem (wynikiem).Kombinacje wejściowe A.B i C są wymienione w kolejności rosnącej od 000 do 111. Nie musi to oznaczać, że funkcja działa w tej kolejności, ale raczej w kolejności rosnącej, tak aby żadna kombinacja wejściowa nie mogła zostać omyłkowo pominięta.

Patrząc na tabelę prawdy, można zauważyć, że funkcja F ma wartość 1 dla następujących kombinacji wejściowych: 000, 011,101, i 110. Można ją zapisać jako: F (A, B, C) =

$\overline{A}\overline{B}\overline{C} + \overline{A}BC + A\overline{B}C + AB\overline{C}$. (A, B, C) w nawiasach są używane do pokazania, że funkcja jest trzy zmienne.

Ta funkcja może być również zapisana jako: F (A, B, C) = 000+011+101+110. Można to jeszcze bardziej zredukować do postaci: F (A, B, C) = ∑ (000, 011, 101, 110). Formularz ten można dodatkowo zapisać w dogodniejszej formie dziesiętnej: F (A, B, C) = ∑ (0, 3, 5, 6).

5.3 Forma sumy produktów (SPO)

Tak więc z tabeli prawdy ORing (+) kombinacji wejściowych gdzie F = 1, daje sumę iloczynów formy (SOP).

Formularze F = $\overline{A}\overline{B}\overline{C} + \overline{A}BC + A\overline{B}C + AB\overline{C}$ i F (A, B, C) = ∑ (0, 3, 5, 6).nazywane są formularzem sumy produktów. Oba powyższe wyrażenia są najbardziej popularne do wyrażania funkcji booleańskich.

Jak już wspomniano powyżej, postać sumy iloczynów wyprowadza się z tabeli prawdy poprzez odnotowanie gdzie F = 1, a następnie wpisanie odpowiednich kombinacji danych wejściowych. Jeśli F = 1 w więcej niż jednym przypadku, kombinacje danych wejściowych są łączone lub dołączane przez operatora OR (+).

Działalność

1 Jakie jest znaczenie sumy produktów (SPO) w prostych słowach?

2 Pokazać, że suma produktów (SPO) i iloczyn sum (POS) są naprawdę takie same

3 Jakie jest prawdziwe znaczenie POS w kategoriach operacyjnych?

5.4 Forma iloczynu sum (POS)

Weź pod uwagę poprzednią tabelę 4 poniżej.

Dec	A	B	C	F
0	0	0	0	1
1	0	0	1	0
2	0	1	0	0
3	0	1	1	1
4	1	0	0	0
5	1	0	1	1
6	1	1	0	1
7	1	1	1	0

Z powyższej tabeli prawdy iloczyn sum (POS) jest tworzony przez spojrzenie na przypadki wyjściowe w kolumnie F, gdzie F jest równe 0, a następnie zastosowanie dopełnienia grupowego i twierdzenia De Morgana. Na przykład F = 0 w następujących kombinacjach wejściowych, 001, 010,100,111. Można to zapisać jako: $\overline{F}(A,B,C)=\overline{A}\overline{B}C+\overline{A}B\overline{C}+A\overline{B}\overline{C}+ABC$. Ponieważ rzadko pracujemy z funkcjami negatywnymi, powyższa funkcja musi być przekształcona na funkcję pozytywną. Dokonuje się tego za pomocą prawa dopełnienia algebry logicznej, czyli $\overline{\overline{A}}=A$. Powyższa funkcja może być zapisana jako: :

$\overline{\overline{F}}(A,B,C)=F(A,B,C)=\overline{\overline{A}\overline{B}\overline{C}+\overline{A}B\overline{C}+A\overline{B}\overline{C}+ABC}$. Stosując twierdzenie De Morgana, można to napisać jako..: $F(A,B,C)=(\overline{\overline{A}\overline{B}\overline{C}})+(\overline{\overline{A}B\overline{C}})+(\overline{A\overline{B}\overline{C}})+(\overline{ABC})$. Stosując twierdzenie De Morgana, to może być dalej napisane jako: : $F(A,B,C)=(A+B+C)\bullet(A+\overline{B}+C)\bullet(\overline{A}+B+C)\bullet(\overline{A}+\overline{B}+\overline{C})$ To ostatnie wyrażenie jest iloczynem sum. Iloczyn sum (POS) oznacza po prostu ANDing, a następnie ORing, w przeciwieństwie do sumy iloczynów (SOP), która oznacza ORing, a następnie ANDing.

Przykład pracy 1

Biorąc pod uwagę poniższą funkcję boole'ową wyrażoną w postaci sumy iloczynów (SPO), należy przeliczyć ją na iloczyn formy sumy (POS): $F(A,B,C)=\sum(1,2,4,7)$ Wyrażenie/funkcja logiczna oznacza, że przy kombinacjach wejściowych w nawiasie, wyjście F =1. Aby więc przekształcić tę funkcję w POS, należy użyć kombinacji wejściowych, gdzie F = 0. Z powyższego wyrażenia F = 0 w następujących kombinacjach wejściowych, czyli tych kombinacji wejściowych, których nie ma w funkcji, 000, 011, 101, 110. Można to teraz zapisać jako: $\overline{F}(A,B,C)=\overline{A}\overline{B}\overline{C}+\overline{A}BC+A\overline{B}C+AB\overline{C}$. Zmień tę ujemną funkcję na dodatnią, korzystając na przykład z prawa do komplementów: $\overline{\overline{F}}(A,B,C)=F(A,B,C)=$ $\overline{\overline{\overline{A}\overline{B}\overline{C}+A\overline{B}\overline{C}+A\overline{B}C+AB\overline{C}}}$ Zasada, że to, co robimy po lewej stronie, robimy także po prawej. Dlatego właśnie nad wyrażeniem znajduje się ten długi pasek negacji/uzupełnienia. Można to wtedy zapisać jako: $F(A,B,C)=\overline{(\overline{A}\overline{B}\overline{C})+(A\overline{B}\overline{C})+(A\overline{B}C)+(AB\overline{C})}$

Można to wtedy napisać jako $F=(A+B+C)\bullet(A+\overline{B}+\overline{C})\bullet(A+\overline{B}+C)\bullet(\overline{A}+\overline{B}+C)$. To jest formularz POS.

Suma iloczynów (SPO) i iloczyn sum (POS) stanowią tę samą funkcję boole'ową. Można to pokazać za pomocą wartości kombinacji wejść w tabeli prawdy oraz wartości z kolumny wyjściowej F, które pozostają takie same. Czasami konieczne jest również narysowanie układu logicznego POS i symulowanie lub śledzenie wartości wejściowych i wyjściowych.

Biorąc pod uwagę funkcję boole'ową $F(A,B,C)=\sum(1,2,3.5,6)$:

(i) Wyprodukuj iloczyn sumy (POS) w formie iloczynu
(ii) Narysuj odpowiedni wykres
(iii) Pokaż, że suma iloczynu (SPO) i iloczyn sum (POS) reprezentują tę samą funkcję.

Przykład pracy 2

$$\overline{F}(A,B,C)=\sum(0,4,7)$$
$$\overline{F}(A,B,C)=\overline{A}\overline{B}\overline{C}+A\overline{B}\overline{C}+ABC$$
(i) $$\overline{\overline{F}}(A,B,C)=F(A,B,C)=\overline{\overline{A}\overline{B}\overline{C}+A\overline{B}\overline{C}+ABC}$$:
$$F(A,B,C)=(\overline{\overline{A}\overline{B}\overline{C}})\bullet(\overline{A\overline{B}\overline{C}})\bullet(\overline{ABC})$$
$$F(A,B,C)=(A+B+C)\bullet(\overline{A}+B+C)\bullet(\overline{A}+\overline{B}+\overline{C})$$

(ii)

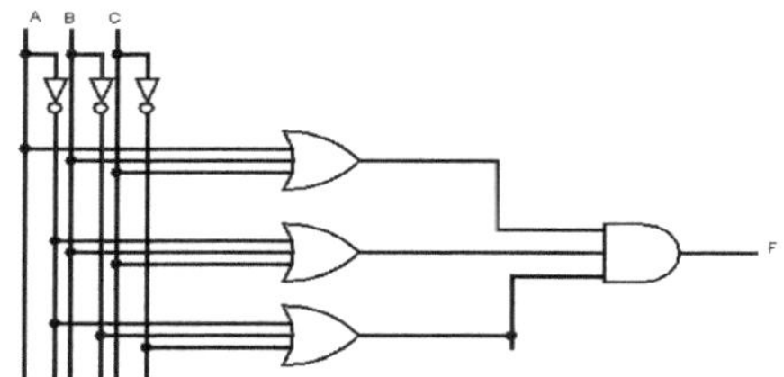

Rysunek 4: Iloczyn sumy (POS) obwodu logicznego dla $F=(A+B+C)(\overline{A}+B+C)(\overline{A}+\overline{B}+\overline{C})$

(iii) Aby wykazać, że SPO i POS są takie same, wartości F powinny być takie same w tabeli prawdy, która jest stosowana w każdej formie. W tabeli prawdy SOP F=1 w następujących kombinacjach wejściowych: 001, 010, 011, 101 i 110. Każda z tych kombinacji wejść może być śledzona na układzie logicznym lub podstawiona w postaci POS funkcji booleańskiej.

$F=(A+B+C)(\overline{A}+B+C)(\overline{A}+\overline{B}+\overline{C})$. Przyjmując pierwszą kombinację wejściową (000)

F = (0+0+0) · (1+0+0) · (1+1+0)

F = (0) · (1) · (1) = 0

$F=(A+B+C)(\overline{A}+B+C)(\overline{A}+\overline{B}+\overline{C})$ Przyjmowanie kombinacji wejściowej (101)

F = (1+0+1) · (0+1+1) · (0+1+0)

F = (1) · (1) · (1) = 1

Oczywiste jest, że wartość F pozostaje taka sama niezależnie od tego, która z form booleańskich jest używana.

Ćwiczenie

1 Weź pod uwagę funkcję boole'ową: $F=\overline{A}\overline{B}\overline{C}+\overline{A}B\overline{C}+A\overline{B}\overline{C}+A\overline{B}C+ABC$

Wyprodukuj iloczyn kwot (POS)

Wyprodukuj odpowiedni obwód logiczny

Uproszczenie powyższego wyrażenia (POS)

2 Biorąc pod uwagę, że należy wytworzyć iloczyn $F(A,B,C)=\sum(0,1,4,7)$ sum (POS) i narysować obwód logiczny

3 Biorąc pod uwagę 3-zmienną funkcję w postaci tabeli prawdy, jak można by ją znaleźć:

SOP?

POS?

Środki na poszukiwanie:

William Stallings, *Organizacja i Architektura Komputerowa,* str. 706-707

Nave, R. *De Morgan's Theorem* Retrieved from:http://www.hyperphysics-phyastr.gsu.edu/base/Electronic/DeMorgan.html#3

Oświadczenia, wartości prawdy i tabele z prawdą

http://www.math.csusb.edu/notes/logic/lognot/node1.html

SPO i formy POS funkcji booleańskich

http://mcs.uwsuper.edu/sb/461/PDF/sop.html

Peter Williams, Sept 2, 1996.*How to convert an SOP wyrażenie do formularza POS i vice versa w Boolean Algebra?*

https://electronics.stackexchange.com/questions/9817/how-to-convert-an-expression-from-sop-to-pos-and-back-in-boolean-algebra

WYKŁAD 6 CYFROWYCH BRAMEK LOGICZNYCH

6.1 Wprowadzenie

Brama logiczna to fizyczne urządzenie, które realizuje prostą funkcję boole'ową. Bramy logiczne stanowią podstawę sprzętową, na której budowane są komputery cyfrowe. Bramki logiczne nazywane są również obwodami logicznymi. Podstawowymi (podstawowymi) bramkami logicznymi są bramki logiczne: NOT, BUFFER, OR, AND, NOR, NAND, EXCLUSIVE OR (XOR) i Exclusive NOR (XNOR).

6.2 NOT Logic gate

Bramka logiczna NOT jest również nazywana **inwentarzem lub uzupełnieniem** i wytwarza 1 na wyjściu dla wejścia zerowego (0) i 0 dla wejścia 1, czyli wyjście jest zawsze odwrotne lub uzupełnienie wejścia.

Standardowy symbol

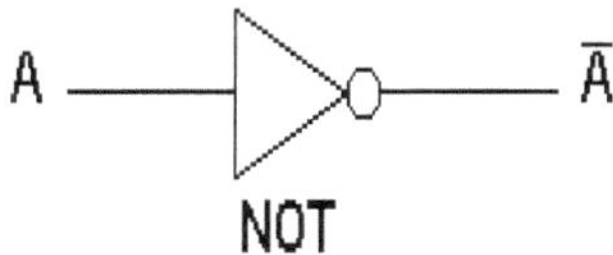

F = $\overline{A}$

Tabela Prawdy

A	F
0	1
1	0

6.3 Bufor

Bufor po prostu kopiuje swoje wejście na wyjście. Bufor nie ma znaczenia logicznego, ale pełni ważną rolę praktyczną jako wzmacniacz, tzn. umożliwia sterowanie wieloma bramkami logicznymi za pomocą jednego sygnału.

Symbol

Tabela prawdy

A	F
0	0
1	1

6.4 Brama logiczna LUB

Podstawowa bramka logiczna OR działa z dwoma wejściami i 1 wyjściem. Wyjście bramki logicznej OR jest prawdziwe (logiczne 1) gdy jedno lub oba wejścia są logiczne (1s) i jest fałszywe w przeciwnym wypadku (0).

Standardowy symbol

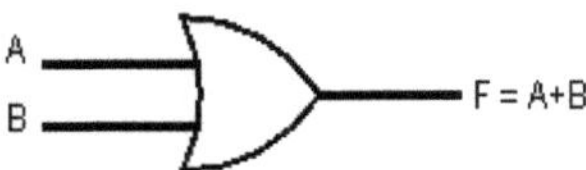

Tabela Prawdy

A	B	F
0	0	0
0	1	1
1	0	1
1	1	1

Należy pamiętać, że wartość wyjściowa wynosi 1, gdy przynajmniej jedna wartość wejściowa wynosi 1

6.5 Brama logiczna AND

Bramka podstawowa I logiczna działa z dwoma wejściami i jednym wyjściem. Wyjście bramki AND jest wyjściem logicznym 1, tylko i wyłącznie wtedy, gdy oba jego wejścia są logiczne 1s i są fałszywe w przeciwnym razie

Standardowy symbol

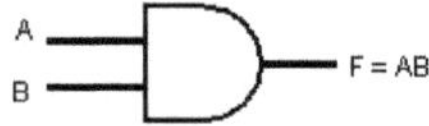

Tabela Prawdy

A	B	F
0	0	0
0	1	0
1	0	0

1	1	1

Zauważ, że w bramce logicznej AND wyjście jest 1 tylko wtedy, gdy oba wejścia mają wartość 1

Działalność

1 Rozpatrzyć propozycję: Jeśli pada deszcz lub prognoza pogody jest zła, to biorę parasol. Jakiej bramki logicznej możesz użyć do wdrożenia tabeli prawdy dla powyższej propozycji?

2 Wyprodukuj tabelę prawdy przy użyciu zmiennych wejściowych: RAINING, NO CAR i zmiennej wyjściowej UMBRELLA. Kombinacje danych wejściowych są: FALSE i TRUE, wyjście UMBRELLA może być tylko TRUE lub FALSE.

6.6 Bramka logiczna NOR

Bramka NOR jest tworzona przez podłączenie INVERTER (bramki NOT) na wyjściu bramki OR. Bramka ta generuje wyjścia uzupełniające na przykład do bramki OR:

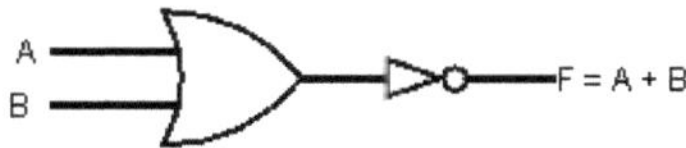

Standardowy symbol

$F = \overline{A + B}$

Tabela Prawdy

A	B	F
0	0	1
0	1	0
1	0	0
1	1	0

6.7 Bramka logiczna NAND

Bramka logiczna NAND jest tworzona przez podłączenie bramki NOT na wyjściu bramki AND i ta bramka generuje komplementarne wyjścia do bramki AND, na przykład

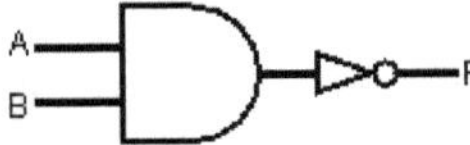

Standardowy symbol

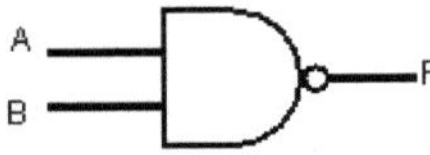

$F = \overline{AB}$

Tabela Prawdy

A	B	F
0	0	1
0	1	1
1	0	1
1	1	0

6.8 Wyłączna bramka logiczna LUB (XOR)

Wyłączna bramka logiczna OR (XOR) generuje na wyjściu logiczną 1, gdy jedno z jej wejść jest 1, z wyłączeniem przypadków, gdy oba wejścia są logiczne 1s i logiczne 0s (zera).

Symbol

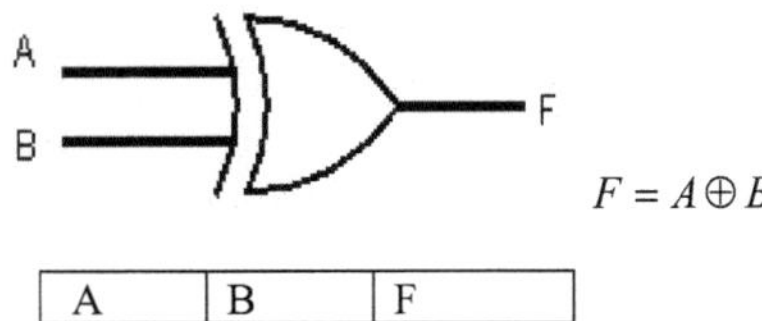

$F = A \oplus B$

A	B	F
0	0	0
0	1	1
1	0	1
1	1	0

Należy pamiętać, że gdy oba wejścia mają wartość 1s, wyjście jest równe 0.

Działalność

1 Który z poniższych przypadków byłby przypadkiem OR lub XOR, wyjaśnij dlaczego?

a) Mężczyzna żeniący się z kobietą lub kobieta żeniąca się z mężczyzną
b) Kobieta wychodząca za mąż za inną kobietę lub mężczyznę wychodzącego za mąż za innego mężczyznę.

2 Rozpatrzyć propozycję: Jeśli będzie padać, a ja nie mam samochodu, to wezmę parasol. Jaką bramę logiczną wybierzesz, aby zrealizować tabelę prawdy powyższej propozycji?

3 Wyprodukuj tabelę z prawdą. Uwaga: Zmienne wejściowe to RAINING i NOR CAR. Zmienną wyjściową jest UMBRELLA.

6.9 Wyłączna bramka logiczna NOR (XNOR)

Ta bramka logiczna jest tworzona przez podłączenie INVERTERa do bramki wyłącznej RNO i generuje wyjścia, które są komplementarne do tych z bramki wyłącznej RNO, na przykład

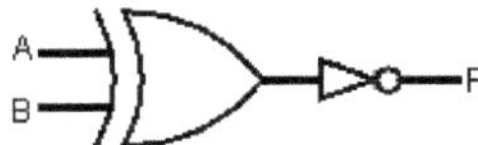

Standardowy symbol

$\mathbf{F} = \overline{A \oplus B}$

Tabela Prawdy

A	B	F
0	0	1
0	1	0
1	0	0
1	1	1

6.10 Uzyskanie funkcji boole'owskich z tabel prawdy

Funkcja boole'owska może być przedstawiona w formie tabeli prawdy i czasami konieczne staje się przeliczenie tabeli prawdy na iloczyn sumy lub sumy iloczynów formy.

Weź pod uwagę poniższą tabelę prawdy:

A	B	F
0	0	0
0	1	1
1	0	1
1	1	1

Aby przekonwertować tę tabelę prawdy na funkcję boole'owską, należy wykonać następujące kroki:

- Zauważ, gdzie F = 1 w tabeli prawdy i wpisz kombinację wejściową
- Jeśli F= 1 w więcej niż jednym przypadku, kombinacje wejściowe odpowiednich wyjść są połączone znakiem OR(+)
- Uprościć utworzoną funkcję boole'ową, jeśli jest ona złożona

W powyższej tabeli prawdy F = 1 w trzech przypadkach, więc wyrażenie booleańskie może być zapisane jako:

$$F = \overline{A}B + A\overline{B} + AB$$
$$= \overline{A}B + A(\overline{B} + B)$$
$$= \overline{A}B + A = A + A\overline{B}$$
$$= A + B$$

Weź pod uwagę poniższą tabelę prawdy:

A	B	F
0	0	1
0	1	1
1	0	1
1	1	0

$$F = \overline{A}\overline{B} + \overline{A}B + A\overline{B}$$
$$= \overline{A}(\overline{B} + B) + A\overline{B}$$
$$= \overline{A} + A\overline{B}$$
$$= \overline{A} + \overline{B}$$

Weź pod uwagę poniższą tabelę prawdy:

A	B	F
0	0	0
0	1	1
1	0	1
1	1	0

$$F = \overline{A}B + A\overline{B}$$
$$= A \oplus B$$

$A \oplus B$ Może być napisane jako (A+B) $(\overline{A} + \overline{B})$ Można to uprościć przez krzyżowe mnożenie
$$A \bullet \overline{A} + A \bullet \overline{B} + \overline{A} \bullet B + B \bullet \overline{B}$$
do: $= 0 + A\overline{B} + \overline{A}B + 0$
$$= A\overline{B} + \overline{A}B = A \oplus B$$

Zwróć uwagę, że jest to $A \oplus B$ podstawowa bramka logiczna, czyli Brama Wyłączna LUB logiczna. Wyrażenie to jest $F = A \ominus B$ więc uproszczeniem $A\overline{B} + \overline{A}B$

6.12 Rysowanie obwodów logicznych z danych funkcji booleańskich

Czasami konieczne jest wytworzenie odpowiedniego obwodu logicznego z danego wyrażenia booleańskiego. Zwykle, gdy poproszony jest o narysowanie obwodu logicznego z danego wyrażenia logicznego, nie jest konieczne uproszczenie wyrażenia, a następnie narysowanie obwodu logicznego.

Przykład 1

Biorąc pod uwagę poniższe wyrażenie booleańskie, narysuj odpowiedni obwód logiczny: $F = \overline{(A + \overline{B})B(\overline{B + C})}$

Zacznij od narysowania w nawiasie bramek logicznych. Zwróć uwagę, że długi pasek jest również wspornikiem. Tak więc pierwszą rysowaną bramką logiczną jest OR, następnie NOR, Bufor, który może być reprezentowany przez linię prostą (B), a następnie na przykład bramka NAND:

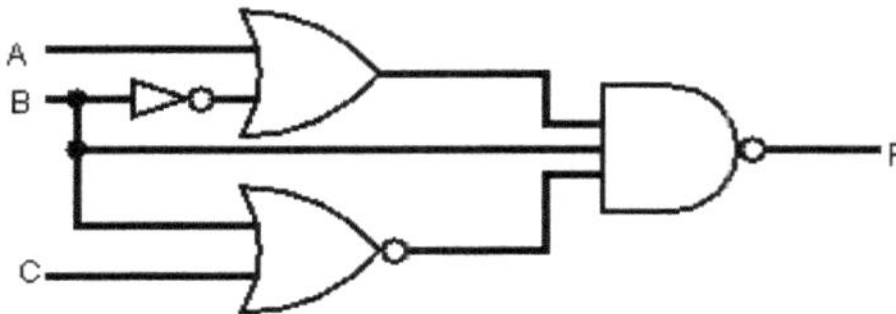

Rysunek 5: Obwód logiczny dla wyrażenia logicznego $F = \overline{(A + \overline{B})B(\overline{B + C})}$

Przykład 2

Biorąc pod uwagę wyrażenie logiczne F = AB + C (A ⊕ B), narysuj odpowiedni obwód logiczny. Zacznij od bramki logicznej w nawiasie.

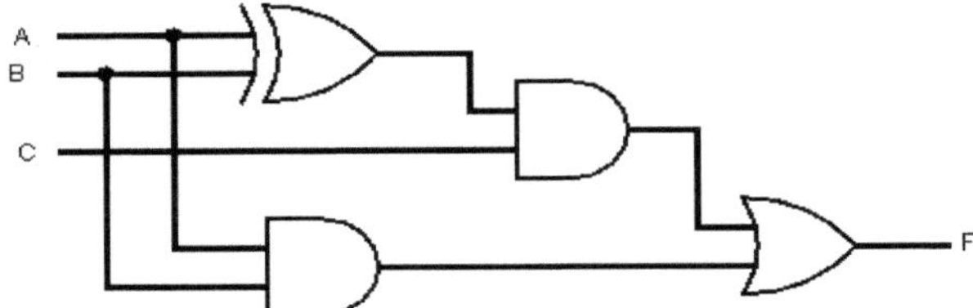

Rysunek 6: Obwód logiczny dla wyrażenia logicznego F = AB + C (A ⊕ B)

Ćwiczenie do samooceny

1 Rozważmy obwód logiczny na rysunku 6. Stwórz jego tabelę prawdy

2 Rozważmy wadliwie działającą bramkę logiczną. Wyjaśnij, jak szybko można to sprawdzić, nie przechodząc przez całą tabelę prawdy AND gate.

3 Dana bramka logiczna NAND pokazuje, jak można stworzyć bramkę NOT. (Użyj schematów układów logicznych

Materiał do badań

William Stallings (2006), Organizacja i architektura komputerowa, str. 703-704
Morris Mano (1997), Architektura systemów komputerowych
Wprowadzenie do cyfrowej logiki - Sygnały i bramy. Dostępny na stronie: http://www.facstaff.bucknell.edu/mastascu/eLessonsHtml/Logic/Logic1.html

WYKŁAD 7 MINIMALIZACJA FUNKCJI BOOLEAN

7.1 Wprowadzenie

Zminimalizowanie funkcji Boolean oznacza po prostu jej uproszczenie. Istnieje kilka powodów, dla których warto minimalizować funkcje boolеańskie. Funkcje booleańskie są wykorzystywane do implementacji bramek logicznych lub cyfrowych obwodów logicznych, więc prosta funkcja booleańska będzie wykorzystywać mniejszą liczbę bramek logicznych, a to z kolei zaoferuje projektantom następujące korzyści:

- Funkcja Boolean staje się łatwa do zrozumienia i wdrożenia
- Po zminimalizowaniu, funkcja jest mniej podatna na błędy i w swojej interpretacji
- Zminimalizowane funkcje boolean zmniejszają koszty wdrożenia
- Zmniejszają one opóźnienia propagacji w obwodach i poprawiają ich wydajność.
- Zmniejsza się również zużycie energii.

Rozważmy funkcję Boole'a:

$F = A + AB$. Cyfrowy obwód logiczny tej funkcji booleańskiej jest pokazany poniżej:

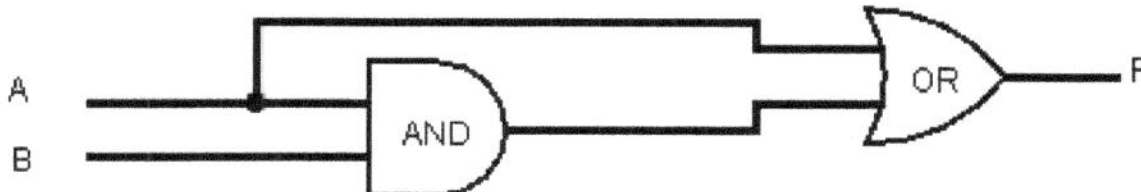

Ta funkcja boolean minimalizuje do F = A, która jest buforem

Z powyższego jasno wynika, że zminimalizowana funkcja Boolean ma wiele zalet w porównaniu do złożonej funkcji Boolean. Minimalizacja może być osiągnięta za pomocą wielu metod, cztery dobrze znane metody to:

- Algebraiczna metoda minimalizacji funkcji/wyrażenia logiczne (ang. Boolean Functions/Expressions)
- Mapy Karnaugha
- Tabelaryczna metoda minimalizacji
- Redukcja drzew

Moduł ten jest ograniczony do metod algebraicznych, map Karnaugha i tabelarycznych.

7.2 Algebraiczna metoda minimalizacji wyrażeń logicznych (ang. Boolean Expressions)

Metoda algebraiczna wykorzystuje postulaty/właściwości/prawa algebry logicznej, jak również twierdzenia algebry logicznej. Na przykład, biorąc pod uwagę poniższą funkcję logiczną, zminimalizuj ją za pomocą postulatów i twierdzeń logicznych algebry logicznej:

Przykład 1

$$
\begin{aligned}
F &= \overline{A}\,\overline{B} + \overline{A}B + A\overline{B} \\
&= \overline{A}(\overline{B} + B) + A\overline{B} \\
&= \overline{A} + A\overline{B} \\
&= \overline{A} + \overline{B}
\end{aligned}
$$

Przykład 2

$$
\begin{aligned}
F &= \overline{A}\,\overline{B}C + \overline{A}B\overline{C} + A\overline{B}\,\overline{C} + ABC \\
&= \overline{A}(\overline{B}C + B\overline{C}) + A(\overline{B}\,\overline{C} + BC) \\
&= \overline{A}(B \oplus C) + A\overline{(B \oplus C)} \\
&= A \oplus B \oplus C
\end{aligned}
$$

Przykład 3

$F = (A \oplus B \oplus AB)(A \oplus C \oplus AC)$ Minimalizuj przy użyciu metody algebraicznej

$$
\begin{aligned}
F &= \overline{A}\,\overline{B}\,\overline{C}D + \overline{A}\,\overline{B}CD + A\overline{B}\,\overline{C}D + A\overline{B}\,\overline{C}D + A\overline{B}CD + AB\overline{C}D + ABCD \\
&= \overline{A}\,\overline{B}D(\overline{C} + C) + A\overline{B}D(\overline{C} + C) + ABD(\overline{C} + C) \\
&= \overline{A}\,\overline{B}D + A\overline{B}D + ABD \\
&= \overline{B}D(\overline{A} + A) + ABD \\
&= \overline{B}D + ABD = D(\overline{B} + AB) = D(\overline{B} + A) = D(A + \overline{B})
\end{aligned}
$$

7.3 **Metoda Mapy Karnaugha minimalizująca funkcje boole'owe**

Mapa Karnaugha dostarcza obrazową metodę grupowania wyrażeń z czynnikami wspólnymi. Jest to odmiana tabeli prawdy, na przykład poniższa tabela dwóch zmiennych prawdy może być przedstawiona na 2 zmiennej K mapie, jak pokazano poniżej:

Tabela 1: Tabela z dwiema zmiennymi wartościami rzeczywistymi

A	B	F
0	0	a
0	1	b
1	0	c
1	1	d

Tabela 2: Dwie zmienne K-map

F =	A\B	0	1
	0	a	c
	1	b	d

Kwadraty zwane również komórkami mają określone numery. Patrz tabela poniżej:

B\A	0	1
B 0	$\overline{A}\overline{B}$ (00)	$A\overline{B}$(10)
1	$\overline{A}B$ (01)	AB(11)

Współrzędne zero (0) i jeden (1) na zmiennych oznaczają, że A i mają wartość 0 i 1, a więc jest to zmienna B. Przy etykietowaniu komórek (kwadratów) należy zacząć od kolumny, a następnie wiersza, na przykład najwyższa kolumna to $\overline{A}\overline{B}$ lub (00). Oznacza to również, że ta komórka znajduje się na przecięciu kolumny i $\overline{A}$ $\overline{B}$. Można to również zapisać jako numer komórki (00). To samo odnosi się do pozostałych komórek. Ważne jest, aby wiedzieć, że komórki te reprezentują kombinacje wejściowe, w których w celu minimalizacji zostanie zapisana wartość F (wyjście funkcji).

7.4 Dwie zmienne mapy Karnaugha

Dwie zmienne K - mapa ma cztery możliwe stany i każda zmienna jest reprezentowana przez połowę całkowitej liczby komórek/kwadratów (patrz przykład poniżej). Komórki są reprezentowane przez liczby, które mogą być wykorzystane do przyspieszenia procesu minimalizacji, np. 00 jest (0), 01 jest 1, 10 jest 2 i 11 jest 3.

B\A	0	1
0	00	10
1 01	11	

7.5 Przykłady funkcji minimalizacji zmiennych logicznych 2-Boolean

Przykład 1

Rozważmy funkcję Boole'a: F (A, B) = $\sum$ (2, 3) = $A\overline{B} + AB$

Funkcja ta oznacza, że przy kombinacji wejściowej 10(2) i (11) 3, wartość F = 1. Poniżej znajduje się tabela prawdy dotycząca tej samej funkcji:

A	B	F
0	0	0
0	1	0
1	0	1
1	1	1

Istnieją proste kroki, których należy przestrzegać podczas używania K map, aby zminimalizować funkcje boole'owe:

1. Narysuj mapę 2 zmiennych K

2. Wypełnić wartości F w odpowiednich kwadratach (gdzie F = tylko 1)

3. Umieścić binarne 1s w grupach 2s, 4s, 8s ogólnie 2n gdzie n = 1, 2, 3 e.t.c

Dla dwuwarstwowej mapy K maksymalna liczba 1s w grupie wynosi 2, dla trójwarstwowej mapy K maksymalna liczba wynosi 4, a dla czterowarstwowej mapy K maksymalna liczba 1s w grupie wynosi 8.

4. Odrzuca się zmienną, która zmieniła swoją wartość (toggled), a ta, która nie uległa zmianie, jest odpowiedzią lub częścią odpowiedzi. Jeśli istnieje więcej niż jedna grupa, zmienne, które nie zostały przełączone, są łączone znakiem OR (+). Kroki te odnoszą się do wszystkich map K.

Jak widać poniżej, istnieje jedna pionowa grupa. Patrząc na zmienne A i B, w jedynej grupie pionowej na mapie K, B zmienił (przełączył) swoją wartość z 0 na 1. A nie zmieniła swojej wartości. Tak więc B jest odrzucona, a więc odpowiedź jest F = 1.

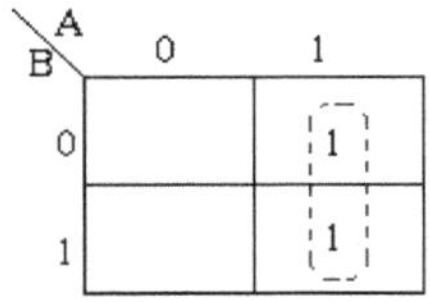

B \ A	0	1
0		1
1		1

Można to udowodnić za pomocą metody algebraicznej, ale nie jest to konieczne. Na przykład:

F = = $A\overline{B} + AB$ A ($\overline{B} + B$) od $\overline{B} + B$)= 1: F = A

Przykład 2

Zminimalizuj poniższą funkcję boole'ową przy użyciu metody K map.

F (A, B, C) = ∑ (0, 1, 2) = $F = \overline{A}\overline{B} + \overline{A}B + A\overline{B}$. Nie jest naprawdę konieczne przeliczanie na rozszerzoną sumę iloczynów.

Zgodnie z poprzednimi krokami, istnieją dwie grupy, które są grupą I (poziomą) i grupą II (pionową). Patrząc na grupę poziomą (I), zmienna A zmieniła swoją wartość z 0 na 1, więc jest odrzucana. Zmienna B jest stała, więc częścią odpowiedzi w grupie I jest $\overline{B}$, to dlatego że B = 0.

Patrząc na grupę II (grupa pionowa), B zmieniła swoją wartość z 0 na 1, więc jest odrzucana, A jest stale 0 . Ostateczna odpowiedź, biorąc pod uwagę te dwie grupy, brzmi: $F = \overline{A} + \overline{B}$

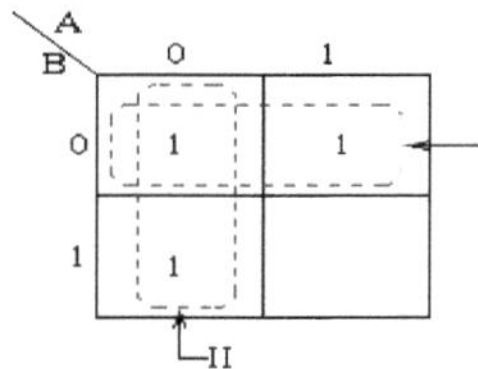

$$F = \overline{A} + \overline{B}$$

7.6 Mapy karnawałowe Zasady stosowane w uproszczeniu funkcji booleańskich

Poniżej znajduje się lista reguł użytych w uproszczeniu funkcji booleańskich przy użyciu metody K map.

1 .Grupa nie może zawierać żadnej komórki, która zawiera zero.

2. Grupy mogą być poziome lub pionowe, ale nie ukośne

3. Grupy powinny zawierać 1, 2, 4, 8 ogólnie 2n komórek

4. Grupa powinna być jak największa

5. Grupy mogą owijać się wokół stołu

6. Grupy mogą nakładać się na siebie

7. Grupy mogą owijać się wokół stołu.

8. Każda komórka zawierająca jedną (1) musi znajdować się w jednej grupie lub co najmniej w grupie własnej.

Zasady te odnoszą się do wszystkich map Karnaugha.

7.7 Trzy zmienne mapy Karnaugha

Mapa trzech zmiennych K ma 2^3 komórki lub kwadraty, a każda zmienna zajmuje dokładnie połowę całkowitej liczby komórek. Komórki są reprezentowane przez liczby, na przykład (000) jest 0, (001) jest, (010) jest 2, (011) jest 3, (100) jest 4, (101) jest 5, (110) jest 6 i (111) jest 7. Ta numeracja przyspiesza proces wstawiania tych (1s) do komórek podczas minimalizacji funkcji boole'owych.

Przykład

Zminimalizuj poniższą funkcję boole'ową przy użyciu metody K map:

F (A, B, C) = $\sum$ (0, 2, 3, 5, 6, 7). Po wypełnieniu wartości F w odpowiednich pozycjach komórek tworzą się trzy grupy, jak pokazano poniżej.

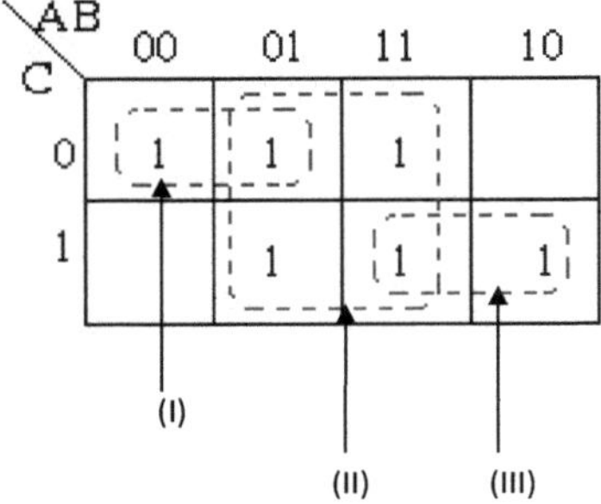

Patrząc na grupę pierwszą (I), weź pod uwagę zmienne A i B. W tej grupie B zmieniła się z 1 na 0, A jest stała, więc zmienna B wypada lub jest odrzucana. Patrząc na C w tej samej grupie, widać, że C jest stale 0, więc część odpowiedzi brzmi $\overline{A}\,\overline{C}$. Grupa druga (II) jest grupą pionową z czterema 1s. W tej grupie, patrząc na zmienne A i B, widać, że A przełączyła się z 0 na 1, więc jest odrzucana, C również przełączyła się z 0 na 1, więc jest odrzucana. Z drugiej strony, jeśli B jest stale 1, to część odpowiedzi brzmi B. Patrząc na trzecią grupę (III), B przełączył się z 1 na 0, a A jest stale 1. C również jest stale 1, więc częścią odpowiedzi jest AC. Pełna odpowiedź brzmi:

$$F = \overline{A}\,\overline{C} + B + AC$$

Działalność

1 Załóżmy, że masz do dyspozycji 3 zmienne funkcje boolean, które można zminimalizować. Jakiej techniki użyłbyś i dlaczego?

2 Weź pod uwagę funkcję boole'ową:

F (A, B, C) $= \overline{A}\overline{B}C - A\overline{B}C + ABC$, którą technikę zastosowałbyś w celu uproszczenia i dlaczego

3 Porównaj algebraiczną metodę rozwiązywania na rozwiązaniu powyższej (2) funkcji logicznej z metodą mapy K i wyprowadź własne wnioski.

Przykład 2

Zminimalizuj poniższą funkcję boole'ową przy użyciu metody K map:

F (A, B, C) = ∑(2, 3, 4, 6, 7)

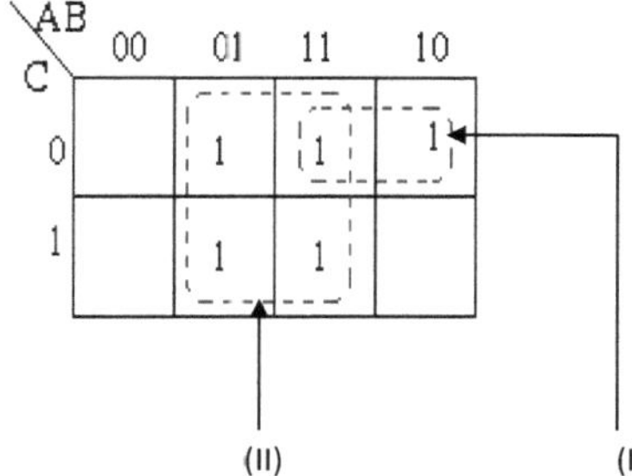

Patrząc na grupę pierwszą (I) B przełączyła się, odrzuciła, A jest stale 1, C jest stale o, więc część odpowiedzi to $A\overline{C}$. Dla grupy drugiej (II), A przełączyło się z 0 na 1, odrzut, C również przełączyło się z 0 na 1 odrzut, B jest stale 1, więc część odpowiedzi brzmi B. Pełna odpowiedź brzmi więc: $F = A\overline{C} + B$

Zasoby do dalszej eksploracji:

Morris Mano, *Architektura systemów komputerowych*

Uproszczenie logiki z mapami Karnaugh Pobrane z: www.allaboutcircuits.co/textbook/digital/chpt-8/logic-simplification-karnaugh-maps/

Morris Mano & Michael Ciletti, (2013) *Digital Design, 5th* Edit, Prentice Hall.

Ćwiczenie

Weź pod uwagę funkcję boole'ową poniżej:

$$F = \overline{A}\overline{B}\overline{C}\overline{D} + \overline{A}B\overline{C} + \overline{A}BC + A\overline{B}\overline{C} + AB\overline{C} + ABC$$

1 Która technika minimalizacji byłaby najlepsza w użyciu i dlaczego?
2 Użyj zarówno mapy K, jak i metod tabelarycznych, aby pomóc Ci odpowiedzieć (i) powyżej
3 Minimalizuj za pomocą metody tabelarycznej: F(A, B, C) =∑(0,1,2,3,4,5,6,7,8,9,10,11)

Materiał do dalszej lektury

Minimalizacja funkcji boole'owskich za pomocą map Karnaugh: http://www.cs.colostate.edu/~cs530dl/s12/minimization

http://www.ee.surrey.ac.uk/Projects/Labview/minimisation/karnaugh.html

C E Stroud, *Karnaugh Maps* http://www.eng.auburn.edu/~strouce/class/elec2200/elec2200-6.pdf

WYKŁAD 8 METODA TABELARYCZNA

8.1 Wprowadzenie

Metoda tabelaryczna znana jest również jako metoda Quine - McCuskey'a i jest bardzo przydatna zwłaszcza w przypadku funkcji booleańskich, które mają dużą liczbę zmiennych, np. pięć, sześć lub więcej.

To była pierwsza programowalna metoda. Metoda ta redukuje funkcję w postaci standardowej sumy iloczynów (SOP) do zestawu implikatów pierwszorzędnych, z których można wyeliminować jak najwięcej zmiennych. Pierwotne implikacje są badane w celu sprawdzenia, czy niektóre z nich są zbędne. Metoda tabelaryczna wielokrotnie używa prawa logicznego A+ $\overline{A} = 1$

Metoda ta wykorzystuje zarówno notacje binarne jak i dziesiętne w funkcji. W notacji binarnej zmienna w postaci rzeczywistej jest oznaczana jako binarna 1, w postaci dopełniacza jako 0, a brak zmiennej jako myślnik (-).

8.2 Zasady metody tabelarycznej

Weź pod uwagę trzy zmienne funkcji logicznej F (A, B, C):

$\overline{A}BC$ jest reprezentowany przez 011, gdzie A= 0, B = 1 i C = 1

$A\overline{B}\overline{C}$ jest reprezentowana przez 100, gdzie A=1, B = 0, a C = 0

$A\overline{C}$ jest reprezentowany przez 1-0, gdzie A = 1, B jest nieobecny, a C = 0

BC jest reprezentowana przez -11, gdzie A jest nieobecna, B = 1 i C = 1

Rozważmy funkcję Boole'a:

F (A, B, C, D) =$\sum$ (1110, 1111) = $ABC\overline{D} + ABCD = ABC$

Oba mincermy można wymienić i połączyć, jak pokazano na rysunku:

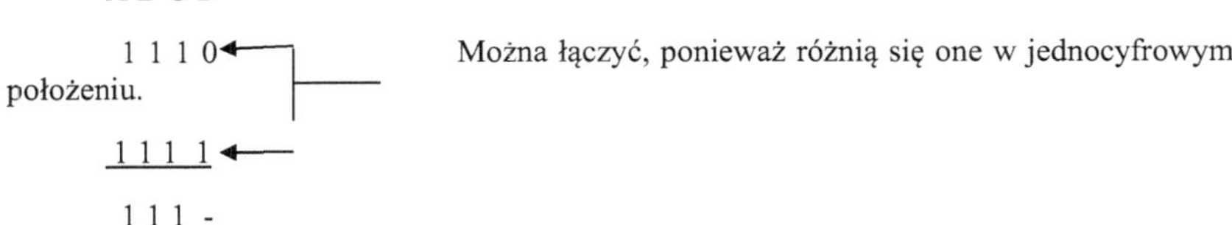

Można łączyć, ponieważ różnią się one w jednocyfrowym położeniu.

Weź pod uwagę następującą funkcję boole'ową:

F (A, B, C, D) =$\sum$ (1101, 1110) = $AB\overline{C}D + ABC\overline{D}$

Te mintermy mogą być również wymienione jako:

A B C D

1 1 0 1 ← nie może się łączyć, ponieważ różnią się więcej niż jedną cyfrą

1 1 1 0 ← Pozycja

Zasada 1: W przypadku dwóch terminów dwa łączą i eliminują jedną zmienną, muszą różnić się **tylko jedną cyfrą**.

Metoda tabelaryczna korzysta z indeksów. Indeks w mintermie oznacza ilość indeksów binarnych (1s).

Rozważmy funkcję Boole'a: F (A, B, C, D), która może być zestawiona w tabelę, jak pokazano poniżej:

ABCD

0000Indeks 0

0001Indeks 1

0010Indeks 1

1010Indeks 2

1110Indeks 3

1111Indeks 4

Przykłady minimalizacji trzech zmiennych funkcji boole'owskich przy użyciu metody tabelarycznej

Przykład 1

Rozważmy funkcję Boole'a: F (A, B, C) = $\overline{A}\overline{B}\overline{C} + \overline{A}\overline{B}C + A\overline{B}\overline{C} + A\overline{B}C$ lub F (A, B, C) = $\sum$ (0, 1, 4, 5)

Etap 1

Powyższa funkcja musi być zmieniona na przykład na notację binarną:

F (A, B, C) =$\sum$ (000, 001,100,101)

Etap 2

Stwórz listę 1 lub pierwszą listę

Lista 1 jest tabelą przedstawiającą funkcję w rozbiciu na odpowiednie grupy za pomocą indeksów. Grupy są oddzielone poziomymi liniami.

LISTA 1

	Indeks	DecABC	
Grupa 1	0	0000	
Grupa 2	1	1001	
	1	4	100
Grupa3	2	5101	

LISTA 2

Lista druga tworzona jest przez połączenie grupy 1 z grupą 2 i grupy 2 z grupą 3. Grupy nie mogą się na siebie nakładać. Po połączeniu dwóch dowolnych grup, pozioma linia służy do oddzielenia nowej grupy od następnej. W wyniku tego powstaną nowe grupy. Nowe grupy można nadal łączyć, aby usunąć niektóre zwolnienia, np. nowe grupy to 1 i 2.

	Dec	ABC
1)	0, 1	00-✓
	0, 4	-00✓
2)	1, 5	-01✓
	4, 5	10-✓

LISTA 3

Lista 3 jest utworzona w podobny sposób jak lista dwóch, ale na tej liście te górnicy, którzy połączyli się, muszą być zidentyfikowani za pomocą jakiegoś znaku, a ci, którzy nie połączyli się, muszą być zidentyfikowani za pomocą innego symbolu lub znaku.

Dec ABC

0, 1, 4, 5-0-

0, 4, 1, 5-0-

Na podstawie wyników z listy trzeciej, (3) widać wyraźnie, że wynik nie może być dalej redukowany, a więc $F = \overline{B}$ jest to funkcja minimalizowana.

Przykład 2

Zminimalizuj poniższą funkcję boolean przy użyciu metody tabelarycznej: F (A, B, C) =∑ (0, 1, 2, 3, 4, 6)

Przeliczyć na notację binarną:

F (A, B, C) =∑ (000, 001, 010, 011, 100, 110)

Konwersja pozwala nam na stworzenie listy lub tabeli, w której mintermy o tym samym indeksie (bez binarnych (1s) są umieszczane w odpowiednich grupach. Na przykład 000 ma zero, więc znajdzie się w swojej grupie. 001 i 010 mają po jednym binarnym, więc będą w tej samej grupie. To samo odnosi się do 011 i 101, mają po dwa binarne, więc będą w tej samej grupie.

Patrz wykaz 1 poniżej

LISTA 1

	Indeks	Dec	ABC
Grupa 1	0	0	000
Grupa 2	1	1	001
		2	010
		4	100
Grupa3 2	3		011
		6	110

LISTA 2

1)	Dec	ABC
	0, 1	00-✓
	0, 2	0-0✓
	0, 4	-00✓
	1, 3	0-1✓
	2, 3	01-✓
2)	2, 6	-10✓
	4, 6	1-0✓

LISTA 3

Dec	ABC
0, 1, 2, 30--✓	

0, 2, 1, 30--✓

0, 2, 4, 6- -0✓

0 ,4, 2, 6--0✓

Z powyższego jasno wynika, że zminimalizowana funkcja F = $\overline{A} + \overline{C}$

Przykład 3

Zminimalizuj poniższą funkcję boolean przy użyciu metody tabelarycznej:

F(A, B, C, D) =∑(1,3,5,7,8,9,10,11,12,13,14,15)

Liczby dziesiętne należy przeliczyć na binarne w następujący sposób:

F (A, B, C, D) =∑ (0001, 0011, 0101, 0111, 1000, 1001, 1001, 1010, 1011, 1100, 1101, 1110,1111)

Utwórz Listę 1 lub pierwszą tabelę Listy, jak pokazano poniżej:

LISTA 1

	Indeks	Dec	ABCD
Grupa 1	1	1	0001
		8	1000
		3	0011
		5	0101
Grupa 2	2	9	1001
		10	1010
		12	1100
		7	0111
		11	1011
Grupa 3	3	13	1101
		14	1110
Grupa 4	4	15	1111

Formularz Lista 2 poprzez połączenie grup, grupa 1 z grupą 2, grupa 2 z grupą 3 i grupa 3 z grupą 4. Grupy nie mogą się na siebie nakładać, np. grupa 0ne nie może być połączona z grupą 3.

LISTA 2

	Dec	ABCD
	1, 3	00-1✓
1	1, 5	0-01✓
	1, 9	-001✓
	8, 9	100-✓
	8, 10	10-0✓
	8, 12	1-00✓
	3, 7	0-11✓
	3, 11	-011✓
	5, 7	01-1✓
2	5, 13	-101✓
	9, 11	10-1✓
	9, 13	1-01✓
	10, 11	101-✓
	10, 14	1-10✓
	12, 13	110-✓
	12, 14	11-0✓
	7, 15	-111✓
3	11, 15	1-11✓
	13, 15	11-1✓
	14, 15	111-✓

Z powyższej listy 2 jasno wynika, że nowe grupy mogą nadal łączyć i usuwać niektóre zbędne implikacje. Lista trzecia jest tworzona w sposób pokazany na następnej stronie.

LISTA 3

Dec	ABCD
1, 3, 5, 7	0--1✓
1,5, 3, 7	0--1✓
1, 3, 9, 11	-0-1✓
1, 9, 3, 11	-0-1✓
1, 5, 9, 13	--01✓
1, 9, 5, 13	--01✓
8, 9, 12, 13	1-0-✓
8, 12, 9, 13	1-0-✓
8, 10, 12, 14	1--0✓
8, 10, 9, 11	10--✓
8, 9, 10, 11	10--✓
8, 12, 10, 14	1--0✓
3, 7, 11, 15	--11✓
3,11,7, 15	--11✓
5, 7, 13, 15	-1-1✓
5, 13, 7, 15	-1-1✓
12,13,14,15	11--✓
12, 14, 13, 15	11--✓
10, 11, 13, 15	1--1✓
10, 11, 14, 15	1-1-✓
9, 11, 13, 15	1--1✓
10, 14, 11, 15	1-1-✓

Nadal istnieją zbędne implikacje, a to wymaga utworzenia listy czwartej

LISTA 4

Dec	ABCD
1, 3, 5, 7,10,11,13,15,	---1
1, 5, 3, 7 ,9 ,11,13 ,15	---1
1, 3, 9, 11,5,7,13,15	---1
1,9,3, 11,5,13,7,15	---1
1,5,9, 13,3,7,11,15	---1
1,9, 5, 13,3, 11, 7, 15	---1
8,9, 12, 13,10, 11, 14, 151---	
8,12, 9, 13,10, 14, 11, 151---	
8, 10, 9, 11, 12, 13, 14, 151---	
8, 9 , 10, 11, 12, 14, 13, 151---	
8, 12,10, 14,10, 11, 13, 151---	

Z listy 4 jasno wynika, że nie ma już zbędnych implikacji, więc zminimalizowana jest funkcja:

F = A + D

8.3 Używanie wykresu w celu usunięcia zbędnego pierwszeństwa oznacza.
Wykresy mogą być wykorzystywane do minimalizacji funkcji boole'owskich w metodach tabelarycznych. Przypadek ten pojawia się, gdy rezultat zminimalizowania funkcji daje więcej niż cztery mintermy w odpowiedzi końcowej. Weź pod uwagę poniższy przykład minimalizacji funkcji logicznych przy użyciu metody tabelarycznej:

Rozważmy funkcję Boole'a:

F(A, B, C, D) =∑(0,1,2,3,5,7,8,10,12,13,15). Przekształcić formę dziesiętną na binarną, jak pokazano poniżej:

F(A, B, C, D) =∑(0000, 0001,0010,0011,0101,0111,1000,1010,1100,1101,1111)

LISTA 1

	Indeks	Dec	ABCD
Grupa 1	0	0	0000
		1	0001
Grupa 2	1	2	0010
		8	1000
		3	**0011**
		5	0101
Grupa 3	2	10	1010
		12	1100
Grupa 4	3	**7**	**0111**
		13	1101
Grupa 5	4	15	1111

LISTA 2	Dec	ABCD
	0, 1	000-✓
	0, 2	00-0✓
	0, 8	-000✓

1, 3	00-1✓
1 , 5	0-01✓
2, 3	001-✓
2, 10	-010✓
8, 10	10-0✓
8, 12	1-00✱
3, 7	0-11✓
5, 7	01-1✓
5, 13	-101✓
12, 13	110-✱
7, 15	**-111✓**
13, 15	**11-1✓**

Mintermy oznaczone gwiazdką (✱) nie łączyły się z żadnymi mintermami i powinny być częścią ostatecznej odpowiedzi.

LISTA 3

Dec	**ABCD**
0, 1, 2, 3	**00--**
0, 2 ,1 ,3	**00--**
0, 2, 8, 10	**-0-0**
0, 8, 2, 10	**-0-0**
1, 3, 5, 7	**0--1**
1, 5, 3, 7	**0--1**
5, 7, 13, 15	-1-1
5, 13, 7, 15	-1-1

Główne wnioski z list 3 i 4 są następujące:

$F = \overline{A}\overline{B} + \overline{B}\overline{C} + \overline{A}D + BD + A\overline{CD} + AB\overline{C}$

Najważniejsze implikacje pochodzą $A\overline{CD}, AB\overline{C}$ z listy 2 i są oznaczone gwiazdką, aby pokazać, że nie łączyły się z żadną inną mincerką. Oznacza to, że powinny one zostać włączone do ostatecznej listy głównych implikacji.

Zasada 2

Wszelkie miny, które nie zostały połączone z żadnymi innymi, począwszy od listy 2, muszą być częścią ostatecznej funkcji.

Spojrzenie na wyrażenie booleańskie: $F = \overline{A}\overline{B} + \overline{B}\overline{C} + \overline{A}D + BD + A\overline{CD} + AB\overline{C}$ pokazuje, że istnieją zbędne implikacje. Można je zredukować za pomocą wykresu.

Wykres jest siatką składającą się z implikatów wymienionych po lewej stronie oraz wszystkich mintermów funkcji wzdłuż górnej części. Oznacza to, że implikaty reprezentują wiersze, a mintermy kolumny. Każda minterma reprezentowana przez danego impaktanta jest zaznaczona w odpowiedniej pozycji (patrz diagram poniżej):

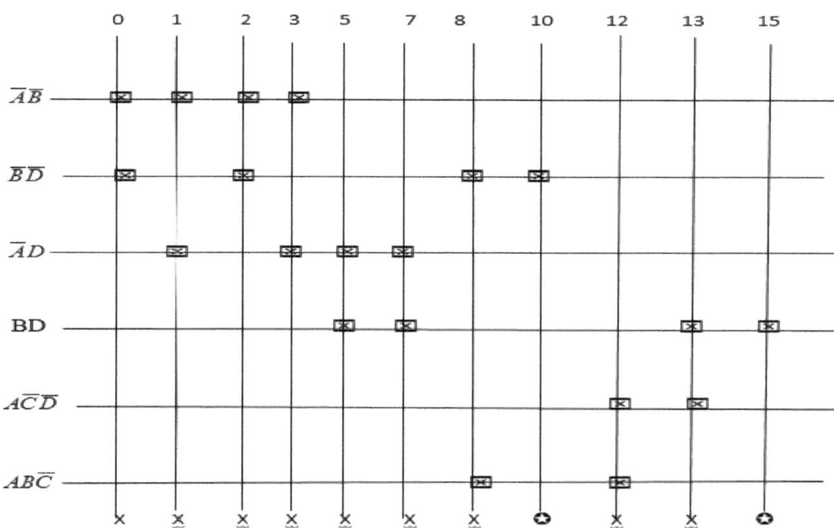

Rysunek 7: Wykres dotyczący metody tabelarycznej minimalizującej

Oznakowanie X jest istotne. Najważniejsze są✪ zaznaczone implikacje, które zawsze muszą znaleźć się w ostatecznej odpowiedzi.

Z powyższego wykresu wynika, że zidentyfikowanie istotnych skutków, na przykład BD jest istotnym pierwotnym skutkiem, $\overline{B}\overline{D}$ ponieważ jest to jedyny pierwotny skutek, który obejmuje dziesiętne części górnicze, a także obejmuje 5, 7 i 13. Jest to jedyny skutek pierwotny, który obejmuje okres górniczy oznaczony liczbą dziesiętną po przecinku, a także obejmuje terminy 0, 2 i 8. Pozostałe mintermy tej funkcji to 1, 3 i 12. Minterm 1 jest obecny w i $\overline{A}\overline{B}$ $\overline{A}D$. To samo dotyczy funkcji minterm 3. W związku z tym dla tych mintermów można użyć jednego z tych głównych implikacji. Minterm 12 jest obecny w i $A\overline{C}\overline{D}$ $AB\overline{C}$, więc każdy z nich może być użyty.

Zasadnicze implikacje oznaczone symbolem ☒muszą być zawsze częścią ostatecznej odpowiedzi.

Mamy więc więcej niż jedną ostateczną odpowiedź:

$$F = \overline{B}\overline{D} + BD + \overline{A}\overline{B} + A\overline{C}\overline{D}$$

$$F = \overline{B}\overline{D} + BD + \overline{A}D + AB\overline{C}$$

Ćwiczenie

Zminimalizuj poniższe funkcje boole'owe przy użyciu metody tabelarycznej:

1 F (A, B, C) = ∑ (1, 3, 4, 5, 6, 7)

2 F(A,B,C,D) =∑(1,3,4,5,6,7,9,11,12,13,,15)

3 F(A, B, C, D) = ∑(1,3,4,5,7,9,11,12,13,15)

Zasoby do dalszej eksploracji

http://www.ee.surrey.ac.uk/Projects/CAL/digital-logic/minimisation/index.html

https://www.computer.org/csdl/trans/tc/1971/08/01671966.html

https://www.tutorialspoint.com/digital_circuits/digital_circuits_quine_mccluskey_tabular_method.htm

WYKŁAD 9 ELEMENTY SKŁADOWE OBWODÓW LOGICZNYCH KOMBINOWANYCH

9.1 Wdrożenie bramek logicznych

Kombinowane obwody logiczne to obwody logiczne, których wyjścia są całkowicie zależne od aktualnych wejść. Obwody tego typu nie posiadają żadnych możliwości pamięciowych. Ten typ układu logicznego otrzymuje swoją nazwę od sposobu uzyskiwania danych wyjściowych, czyli wartość wyjściowa binarna jeden lub zero, zależy od wejść, które zostałyby zastosowane na wejściach.

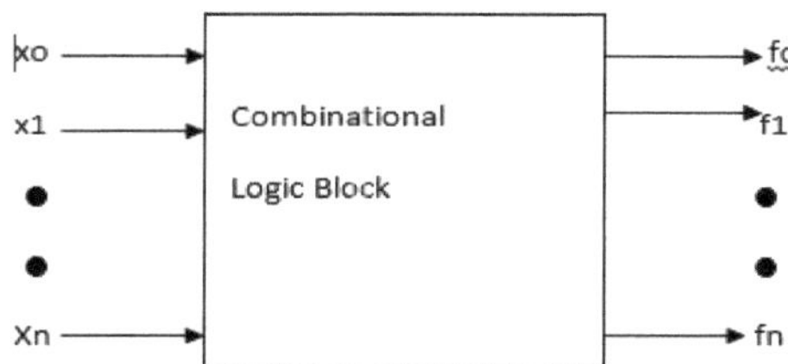

Rysunek 10: Schemat blokowy podstawowego obwodu logiki kombinowanej

Układ wyjść fo - fn w całości zależy od układu wejść xo- xn. Kombinowane obwody logiczne mogą być wykorzystane do budowy urządzeń do rozwiązywania problemów o prostej naturze logicznej. Typowymi przykładami kombinowanych obwodów logicznych są bramki logiczne, pół-żmiarki, pełne żmije, multipleksery, dekodery, komparatory i inne.

9.2 Żmije

Żmija to układ logiczny używany do wykonywania binarnych operacji dodawania w komputerze cyfrowym. Są to dwa rodzaje żmijek:

- Pół żmijek
- Żmije z żmijami pełnymi

Połowa żmijki to cyfrowy układ logiczny, który może obliczyć sumę dwóch liczb binarnych i przesunięcie w lewo. Jest on dobry tylko dla 1-bitowych dodatków binarnych. Układ logiczny dla pół-żmiarki jest pokazany poniżej:

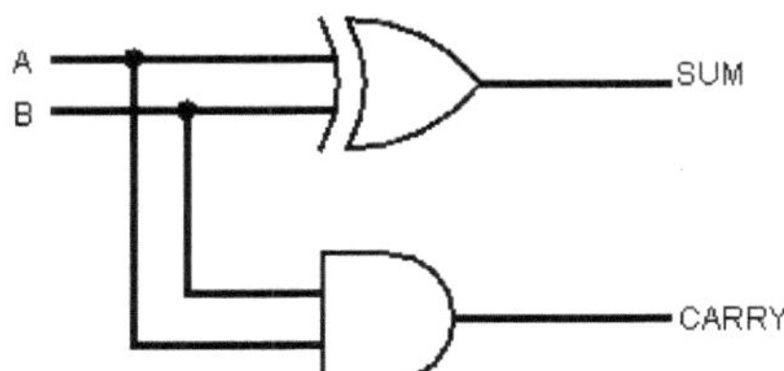

Rysunek: 11 Obwód logiczny pół żmijki
Operacje pół żmijki (jak każdy inny obwód logiczny) najlepiej opisać za pomocą tabeli prawdy

CARRY	STRE SZCZ ENIE	B	A
0	0	0	0
0	1	0	1
0	1	1	0
1	0	1	1

Z tabeli prawdy można w prosty sposób wyprowadzić funkcje boole'owskie używane do implementacji układu logicznego Half Adder. Na przykład SUM = $\overline{B}A + B\overline{A} = A \oplus B$ i CARRY = BA

Symbol pół żmijki

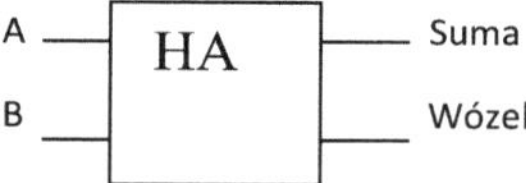

Główną wadą pół żmi[illegible]i jest niezdolność do noszenia jej z prawej strony.

9.3 Pełna żmija (FA)

Żmija pełnozmijowa została zaprojektowana tak, aby wyeliminować główną wadę pół żmiji, jaką jest jej niezdolność do przenoszenia z prawej strony. Żmija pełnozmijowa jest zaimplementowana na dwóch połowicznych żmijowcach. Działanie żmijki pełnej najlepiej opisuje tabela prawdy.

Pełna tabela prawdy o żmijówce

Wykonanie(Wykonanie)	Suma	Przenieś w (Cin)	B	A
0	0	0	0	0
0	1	0	0	1
0	1	0	1	0
1	0	0	1	1
0	1	1	0	0
1	0	1	0	1
1	0	1	1	0
1	1	1	1	1

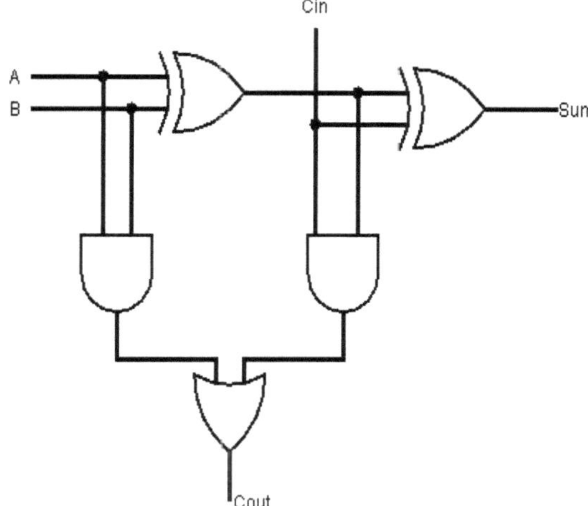

Rysunek 12: Obwód logiczny pełnej żmijki

Wyrażenia logiczne dla implementacji Pełnej żmijki pochodzą na przykład z tabeli prawdy:

$$C_{out} = \overline{C}_{in}BA + C_{IN}\overline{B}A + C_{in}B\overline{A} + C_{in}BA$$
$$= \overline{C}_{in}BA + C_{in}BA + C_{IN}\overline{B}A + C_{in}B\overline{A}$$
$$= BA(\overline{C}_{IN} + C_{IN}) + C_{IN}(\overline{B}A + B\overline{A})$$
$$= BA + C_{in}(B \oplus A)$$

$$Sum = \overline{C}_{in}\overline{B}A + \overline{C}_{in}B\overline{A} + C_{IN}\overline{BA} + C_{in}BA$$
$$= \overline{C}_{in}(B \oplus A) + C_{in}(\overline{BA} + BA)$$
$$= \overline{C}_{in}(B \oplus A) + C_{in}(\overline{B \oplus A})$$
$$= C_{in} \oplus B \oplus A = C_{in} \oplus A \oplus B$$

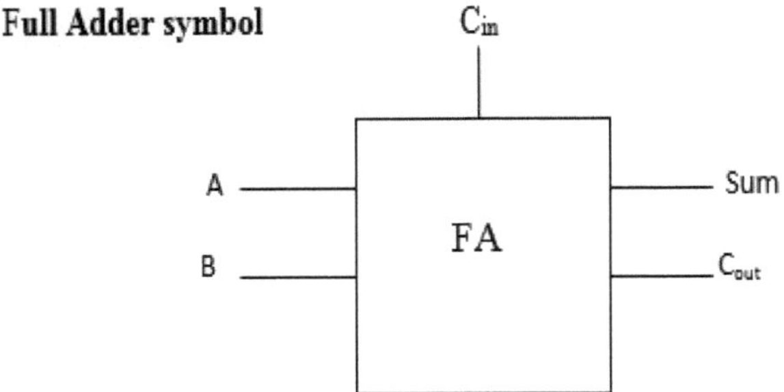

Aby dodać numery binarne z czterema lub więcej bitami, pełna żmija musi być kaskadowana, np. aby dodać dwa czterobitowe numery binarne, pełna żmija musi być kaskadowana cztery razy.

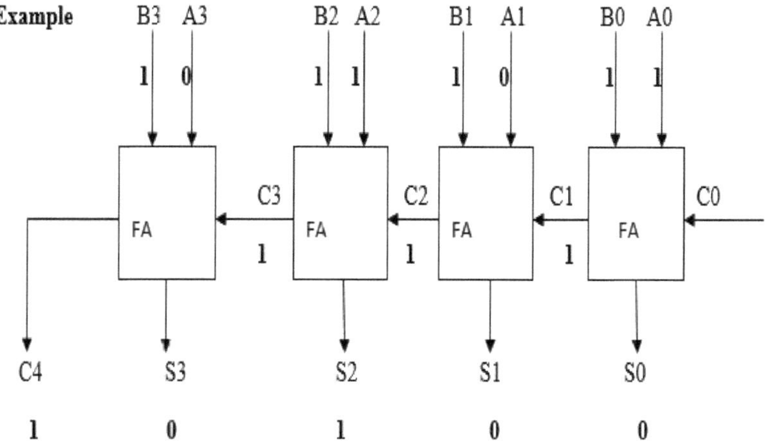

Rysunek 13 kaskadowa żmija z żmiją pełną

Załóżmy, ż e A = A3A2A1A0 = 0101 i B = B3B2B2B1 = 1111

S0 = 0 C0= 0; S1 = 0, C1 = 1; S2 = 1, C2 = 1; S3 = 0, C3 = 1.

9.4 Porównywarki

Komparator to układ logiczny używany do porównywania dwóch liczb binarnych. Istnieją dwa rodzaje komparatorów:

- Porównywarka dla równości
- Pełny komparator

Komparator równości ma n wejść i jedno wyjście, a komparator pełny ma n wejść i trzy (3) wyjścia. Ale oba komparatory mogą porównywać maksymalnie dwie liczby binarne jednocześnie. Na przykład podane dwa n - wielkości bitów liczby binarne A i B komparator dla równości wskaże, że albo dwie liczby binarne są równe, w którym to przypadku wyjście F=1, albo dwie liczby binarne nie są równe, w którym to przypadku F= 0. Używając tych samych liczb binarnych komparator pełny wskaże, czy:

- A>B lub
- A<B lub
- A = B

9.5 Porównywarka dla równości
Porównywarka dla równości jest najprostsza, ponieważ opiera się na wyłącznej bramce logicznej NOR (XNOR). Weź pod uwagę tabelę prawdy bramki logicznej XNOR:

Tabela Prawdy

A	B	F
0	0	1
0	1	0
1	0	0
1	1	1

Analiza powyższej tabeli prawdy pokazuje, że gdy zmienne wejściowe A i B mają te same wartości wejściowe (równe) na wyjściu F = 1 oraz gdy A i B mają różne wartości na wyjściu F = 0.

Przykład

Porównaj dla równości dwa numery binarne poniżej:

A = A2A1A0 = 101

B = B2B1B0 = 101

Schemat blokowy wyglądałby tak, jak pokazano poniżej:

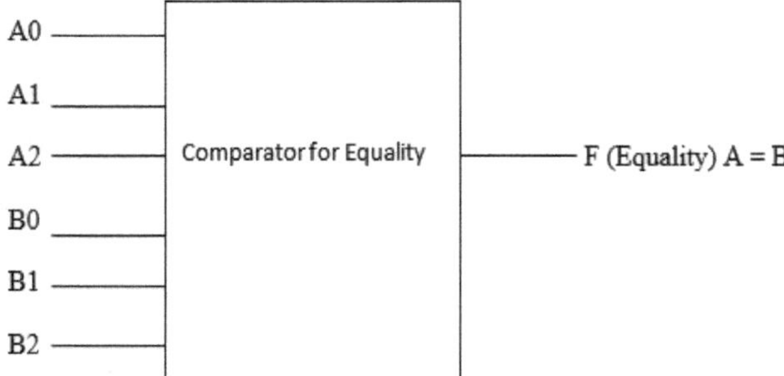

Rysunek 14: Porównywarka dla schematu blokowego równości

Schemat logiczny byłby:

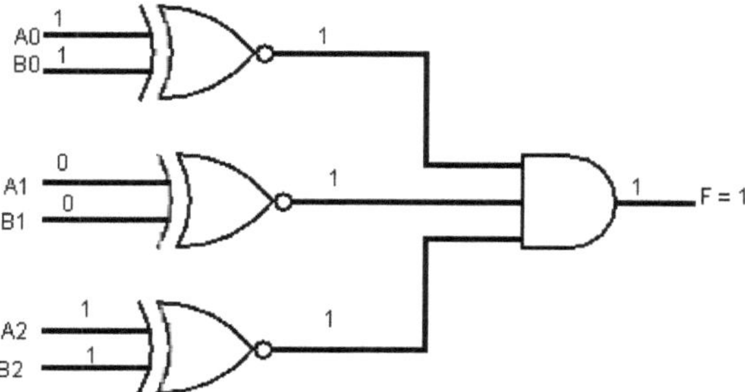

Rysunek 15: Komparator dla obwodu logiki równościowej

Ten układ logiczny komparatora pokazuje, że dwie liczby binarne są równe (F = 1). Jeśli liczby nie są równe F = 0. Na przykład A = A2A1A0 = 100 i B = B2N1B0 = 110 wynik byłby taki jak pokazano w poniższym układzie logicznym:

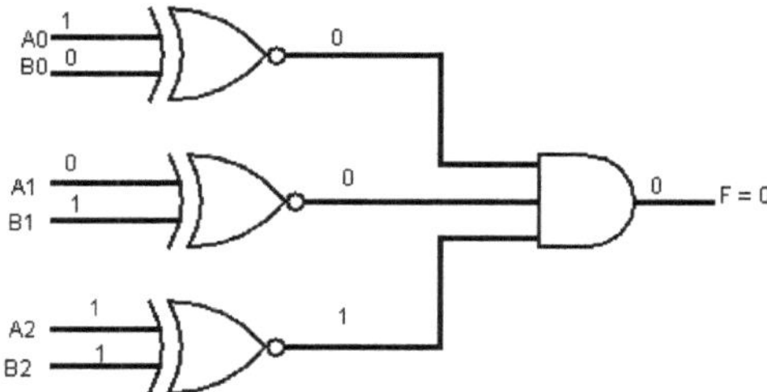

Główną wadą (problemem) komparatora dla równości jest to, że jeśli liczby nie są równe, to nie pokazuje on, która liczba jest większa lub mniejsza od drugiej.

Działalność

1 Biorąc pod uwagę tabelę prawdy bramki XOR, wyjaśnij, dlaczego jest ona wykorzystywana jako komparator równości?

2 Czy możliwe jest wykorzystanie bramek NOR do zaprojektowania komparatora dla równości? Zaprojektuj komparator dla równości używając bramek NOR zamiast bramek XNOR

3 Jaki jest powód dokonywania porównań?

9.6 Pełny komparator

Pełen komparator jest bardziej pomocny niż komparator dla równości. Weź pod uwagę konstrukcję komparatora pełnowymiarowego o rozmiarze 1-cio bitowym.

Weź pod uwagę dwie 1-bitowe liczby binarne A i B, które należy porównać:

- Większa niż (A > B)
- Mniej niż (A < B)
- Równość (A = B)

Zależność pomiędzy wejściami (A i B) a wyjściami mówiącymi X, Y, Z jest następująca:

XY Z

A>B 100

A<B 010

A=B 001

W celu zaprojektowania tego pełnego komparatora konieczne są następujące kroki:

Etap 1: Stworzenie tabeli prawdy

Stwórzcie tabelę prawdy

ABX Y Z

00001

01 0 10

10100

11001

Etap 2: Opracowanie równań logicznych

Z tabeli prawdy wynika, że X = 1 w kombinacji wejściowej, AB = 10, więc jest to zapisane jako:

$X = A\overline{B}$; Y = 1, w kombinacji wejściowej AB = 01, równaniem logicznym jest: $Y = \overline{A}B$, podobnie Z = 1 w kombinacji wejściowej AB =00 i AB = 11, równaniem logicznym jest:

$Z = \overline{A}\overline{B} + AB$. To wyrażenie sprowadza się do: $Z = \overline{A \oplus B}$

Schemat logiczny jest tworzony przy użyciu powyższych trzech wyrażeń booleańskich.

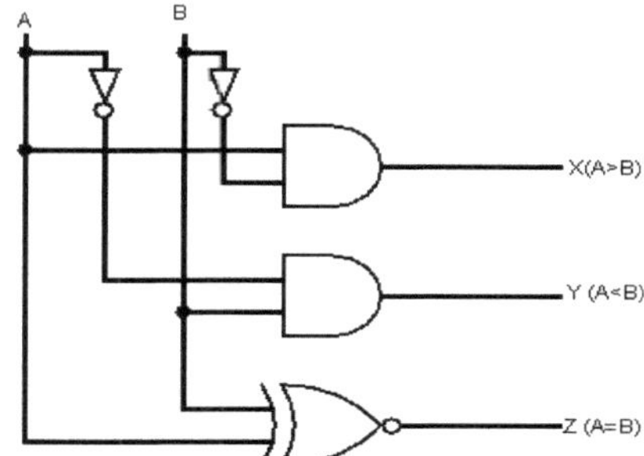

Rysunek 17: Obwód logiczny pełnego komparatora

W zależności od kombinacji wejść A i B aktywne wyjście będzie dawało sygnał binarny (1), a nieaktywne będzie dawało zera binarne (0).

Przykładowa kombinacja wejść AB = 00 dająca wyjście Z = 1.

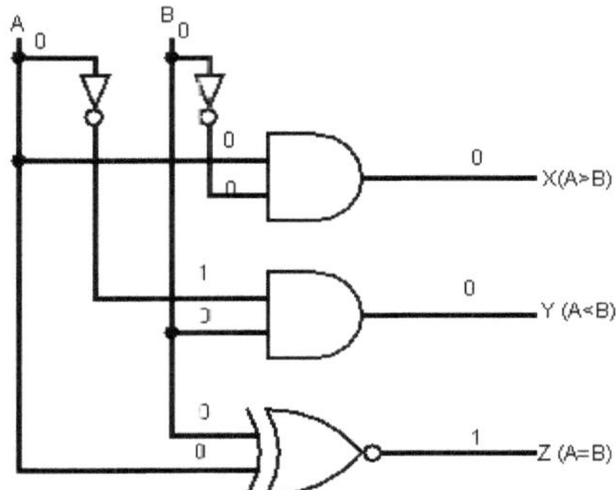

Rysunek 18: Operacja pełnej komparatora

Ćwiczenie

1 Biorąc pod uwagę, że A = 101 i B = 111. Narysuj komparator dla równości i porównaj dwie liczby binarne.

2 Wpisz wyrażenie wyjściowe dla F

3 Użyć kaskadowej żmijki, aby obliczyć sumę dwóch poniższych liczb binarnych:

A = 1011

B = 1010

Materiały do dalszej lektury

William Stallings, (2006) *Organizacja i architektura komputerowa*

https://www.cs.umd.edu/class/sum2003/cmsc311/Notes/Comb/adder.html

http://www.electronics-tutorials.ws/combination/comb_8.html

WYKŁADOWCA 10 ELEMENTY KONSTRUKCYJNE OBWODÓW LOGICZNYCH KOMBINOWANYCH

10.1 Multipleksery

Multiplekser (MUX) to układ logiczny (urządzenie elektroniczne), który łączy dwa lub więcej wejść w jedną linię wyjściową. Jest to kilka typów multiplekserów, ale w cyfrowym przetwarzaniu sygnału multiplekser wybiera dane z kilku linii wejściowych, łączy je za pomocą jednej z trzech popularnych technik ("Frequency division multiplexing", "Time Division Multiplexing" i "Statistical Time Division Multiplexing") do szybkiej linii wyjściowej.

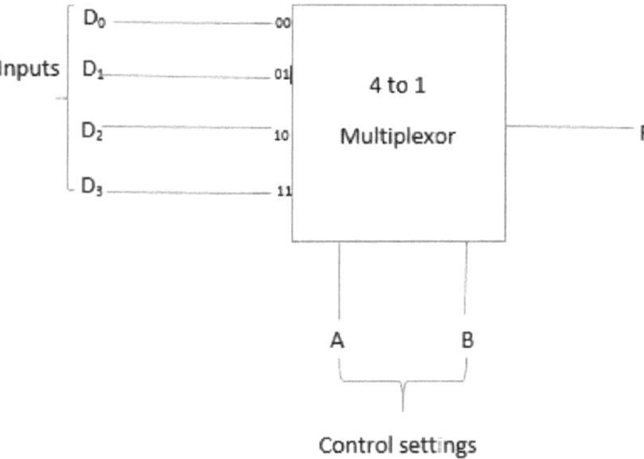

Rysunek 19: Symbol multipleksera 4-1

Jak widać na schemacie blokowym, multiplekser podłącza wiele wejść do jednego wyjścia. W danym momencie wybierane jest tylko jedno wejście z danymi, które mają być przekazywane na wyjście. Linie wejściowe to D0, D1, D2 i D3. Aby wybrać jedną z tych linii wejściowych do przekazywania danych do wyjścia F, używane są ustawienia sterowania A i B. Jeśli A = 0 i B = 0, wówczas do przesyłania danych na wyjście F wybrany zostanie wiersz wejściowy D0. Dane, które pojawiłyby się na wyjściu F, są albo binarne (1), albo binarne zero (0). Wynika to z zastosowania bitów binarnych.

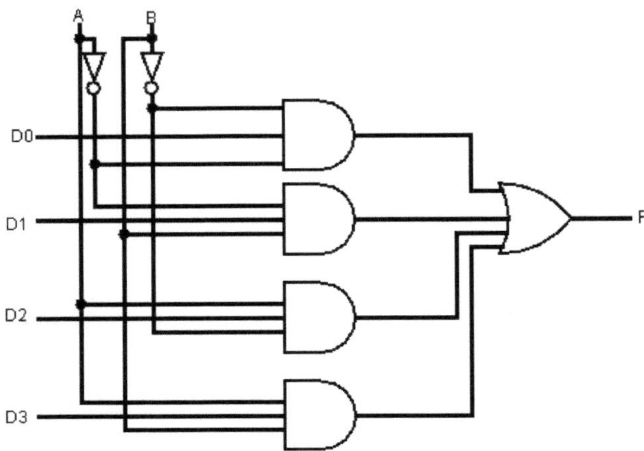

Rysunek 20: Obwód logiczny multipleksera 4-1

Wyrażenie logiczne dla F znajduje się poprzez śledzenie wejść Do - D3 oraz nastawy sterowania A i B np. z wejść AND gates i OR gate:

$F = \overline{A}\overline{B}Do + \overline{A}BD1 + A\overline{B}D2 + ABD3$. Działanie multipleksera najlepiej opisuje również tabela prawdy. (Zobacz tabelę prawdy multipleksera poniżej).

Tabela Prawdy

A	B	F
0	0	Do
0	1	D1
1	0	D2
1	1	D3

Z tabeli prawdy wynika również, że jeśli ustawienie sterowania A i B jest ustawione na AB = 00, to linia wejściowa Do zostanie wybrana, a wyjście na F, pojawi się 0 lub 1.

Pokaż na przykład, że jeśli ustawienia sterowania A i B zostaną ustawione na AB = 10, wówczas wybrana zostanie linia wejściowa D2.

Są dwa sposoby, aby to pokazać:

- Użyj funkcji logicznej i kombinacji wejściowej 10, czyli zastępującej 10 w wyrażeniu logicznym, na przykład:
  $F = \overline{A}\overline{B}Do + \overline{A}BD1 + A\overline{B}D2 + ABD3$ i zastępując wartości dla A i B (10) w wyrażeniu: 0,1 D0+0,0.D1+1,1.D2+1,0.D3
  F = 0+0+D2+0, więc F = D2.
- Drugim sposobem lub techniką jest użycie kombinacji wejściowej 10 i rozprowadzenie tych dwóch sygnałów sterujących po całym obwodzie. Na przykład:

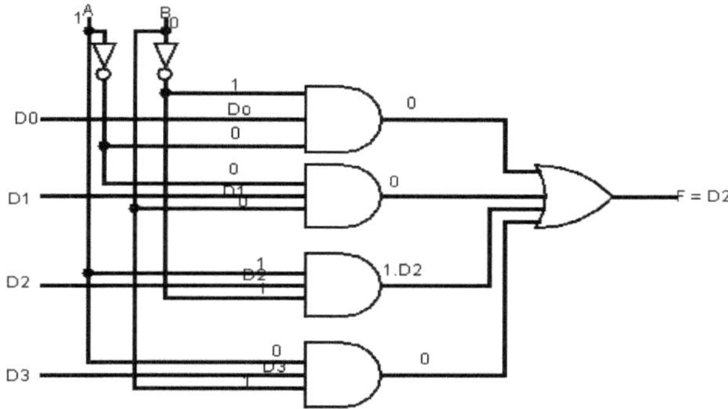

10.2 DE multipleksor

DEMUX jest konwerterem MUX. Posiada on jedną linię wejściową danych (D) i wiele wyjść. Dane .
mogą być przenoszone z tego pojedynczego wejścia na jedno z wielu jego wyjść. Zastosowanie Program DEMUX ma za zadanie wysyłać dane z jednego źródła do jednego z wielu miejsc docelowych (patrz diagram).

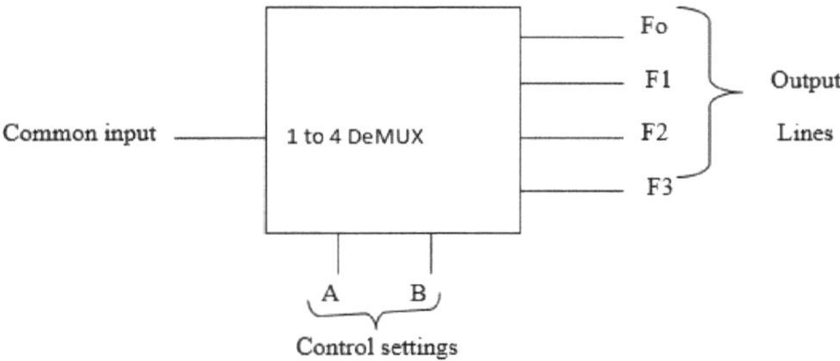

Rysunek 21: Symbol demultipleksora od 1 do 4

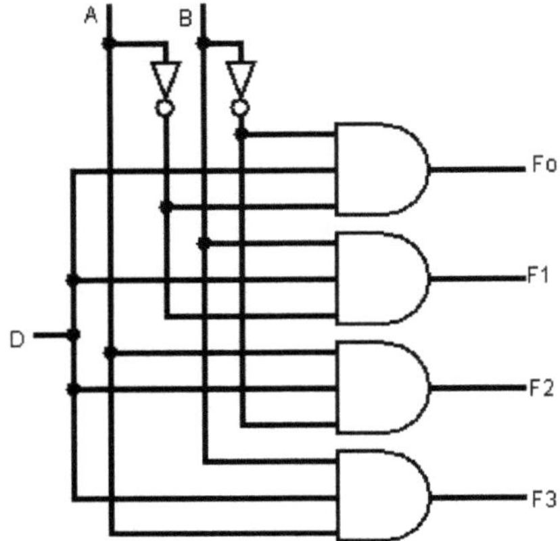

Rysunek 22:1 do 4 Schemat układu logicznego multipleksora DE

Z powyższego schematu logicznego można wyprowadzić następujące wyrażenia logiczne:

$F0 = \overline{A}\overline{B}D$

$F1 = \overline{A}BD$

$F2 = A\overline{B}D$

$F3 = ABD$

DE tabela prawdy multipleksera

D = 1						
D	A	B	F0	F1	F2	F3
1	0	0	1	0	0	0
1	0	1	0	1	0	0
1	1	0	0	0	1	0
1	1	1	0	0	0	1

Z tabeli prawdy jasno wynika, że tylko jedno wyjście Demultipleksera jest aktywne w danym momencie. Gdy D jest równe zero (D =0), wszystkie wyjścia multipleksora będą równe zero.

Widać to wyraźnie na przykładzie poniższego układu logicznego, gdzie sygnały wejściowe zostały rozesłane z linii wejściowych do linii wyjściowych. Można to również pokazać poprzez zastąpienie kombinacji wejściowej D = 1, A = 1 i B = 1 w logicznym wyrażeniu wyjściowym F0 - F3.

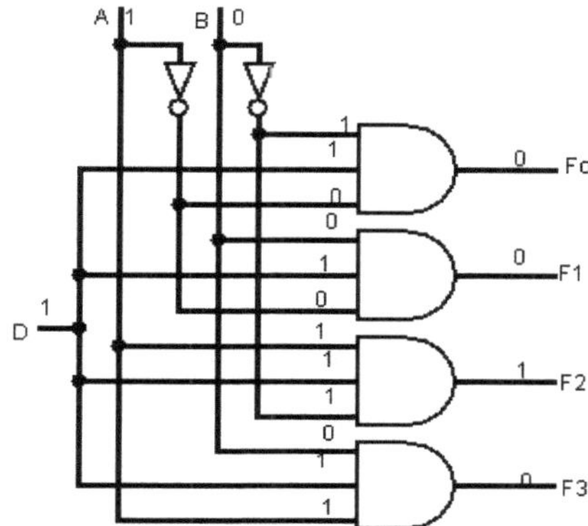

Rysunek 22: Działanie demultipleksera

10.3 Generatory parytetu

Generator/sprawdzacz parzystości to układ logiczny, który jest używany do wykrywania 1-bitowych błędów w komunikacie lub podczas wprowadzania danych. Istnieją dwa typy generatorów parzystości:

- Równomierny generator parytetu
- Dziwny generator parytetu

W generatorze parzystych parzystości, liczba binarnych (1s) w przesyłanej wiadomości musi być zawsze parzysta. Jeżeli liczba binarnych (1s) w przesyłanym komunikacie jest nieparzysta, to zakłada się, że podczas przesyłania lub wprowadzania danych wystąpił błąd. Generator parzystego parytetu jest zaimplementowany na bramce Exclusive OR (XOR).

Weźmy pod uwagę przykład generowania obwodu logicznego o równym parytecie

Weź pod uwagę wiadomość, która ma być przesłana:

Pbit	X	Y	Z
	0	0	0
	0	0	1
	0	1	0
	0	1	1
	1	0	0
	1	0	1
	1	1	0
	1	1	1

Pbit (bit parzystości) musi być obliczony przy użyciu układu logicznego XOR w następujący sposób:

- Jeśli liczba binarnych (1s) jest parzysta, to P` wynosi 0.
- Jeśli liczba binarnych (1s) jest nieparzysta, to Pbit wynosi 1

Należy pamiętać, że liczby parzyste zaczynają się od: 0, 2,4,6,8,10,12,14 i tak dalej. Liczby parzyste zaczynają się od: 1, 3, 5, 7, 9, 11, i tak dalej. Poniższa tabela przedstawia komunikat i pbit (parzysty) obliczony lub wypełniony.

Weź pod uwagę wiadomość, która ma być przesłana:

Pbit	X	Y	Z
0	0	0	0
1	0	0	1
1	0	1	0
0	0	1	1
1	1	0	0
0	1	0	1
0	1	1	0
1	1	1	1

Aby wygenerować układ logiczny, należy zanotować gdzie pbit = 1 i zapisać odpowiednią kombinację wejściową. Jeśli pbit = 1 w więcej niż jednej instancji, to kombinacje wejściowe są łączone znakiem OR (+).

$$Pbit = \overline{X}\overline{Y}Z + \overline{X}Y\overline{Z} + X\overline{Y}\overline{Z} + XYZ$$

$$= \overline{X}(\overline{Y}Z + Y\overline{Z}) + X(\overline{Y}\overline{Z} + YZ)$$

Na przykład: $= \overline{X}(Y \oplus Z) + X(\overline{Y \oplus Z})$

$$= X \oplus Y \oplus Z$$

Obwód logiczny można narysować za pomocą powyższego wyrażenia logicznego, jak pokazano poniżej:

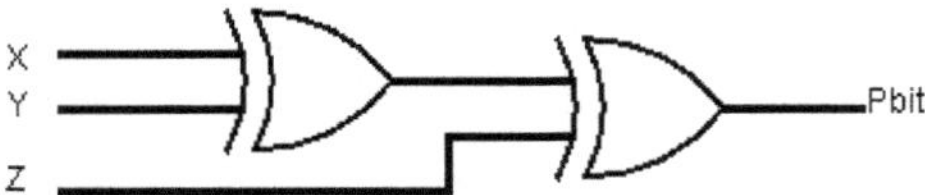

Bramka logiczna może być również rysowana jako bramka trzywejściowa Exclusive OR

W odbiorniku należy sprawdzić Pbit pod kątem poprawności. Używany jest układ logiczny sprawdzania błędów Pbita. Układ logiczny kontroli błędów jest zaimplementowany jak pokazano poniżej:

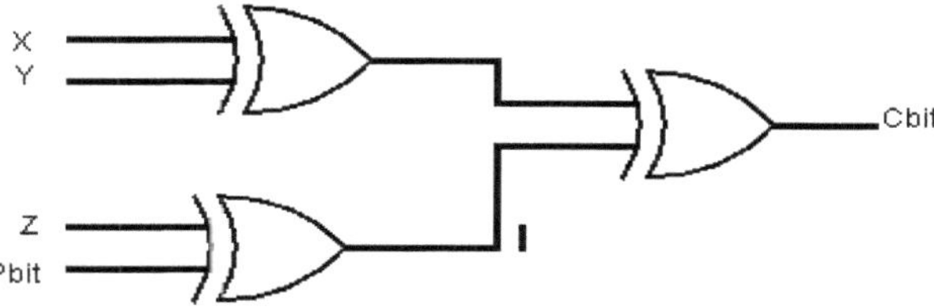

Jeśli nie było żadnego błędu podczas transmisji Cbit będzie zerowy. Założenie to jest takie, że nie było wielokrotnych zmian bitów podczas transmisji. Dzieje się tak dlatego, że w kodach kontroli bitów parzystości, jeśli dwa kolejne bity zmienią swoje statusy, czyli z 0 na 1 i odwrotnie, błąd nie zostanie wykryty.

Cbit	Pbit	X	Y	Z
0	0	0	0	0
0	1	0	0	1
0	1	0	1	0
0	0	0	1	1
0	1	1	0	0
0	0	1	0	1
0	0	1	1	0
0	1	1	1	1

10.4 Generowanie układu logicznego z bitem parzystości nieparzystej

Ta sama wiadomość zostanie użyta do wygenerowania parytetu nieparzystego

Pbit	X	Y	Z
1	0	0	0
0	0	0	1
0	0	1	0
1	0	1	1
0	1	0	0
1	1	0	1
1	1	1	0
0	1	1	1

Wyprodukuj (nieparzyste) wyrażenie booleańskie w następujący sposób:

$$pbit(odd) = \overline{XYZ} + \overline{X}YZ + X\overline{Y}Z + XY\overline{Z}$$
$$= \overline{X}(\overline{YZ} + YZ) + X(\overline{Y}Z + Y\overline{Z})$$
$$= \overline{X}(\overline{Y \oplus Z}) + X(Y \oplus Z)$$
$$= \overline{X \oplus Y \oplus Z}$$

Z wyrażenia boole'owskiego wyprodukuj obwód logiczny, jak pokazano poniżej:

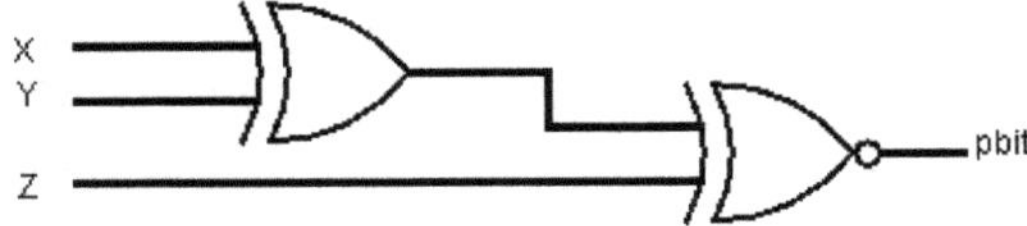

Obwód logiczny sprawdzania parzystości parzystości jest generowany w sposób pokazany na rysunku:

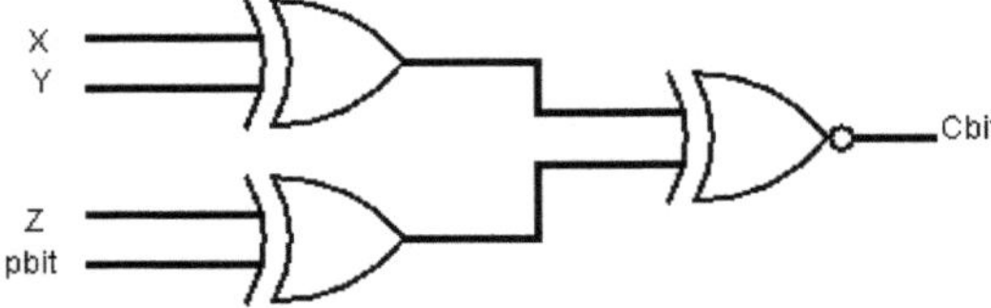

Podobnie jak w parzystym sprawdzaniu parzystości, jeśli nie ma błędów podczas transmisji, Cbit będzie zerowy. Patrz tabela poniżej:

Cbit	Pbit	X	Y	Z
0	1	0	0	0
0	0	0	0	1
0	0	0	1	0
0	1	0	1	1
0	0	1	0	0
0	1	1	0	1
0	1	1	1	0
0	0	1	1	1

Wartość bitową można uzyskać poprzez śledzenie kombinacji wejściowych i obserwację wyjścia lub poprzez podstawienie wartości kombinacji wejściowych w wyrażeniu logicznym;

$$Cbit = \overline{pbit \oplus X \oplus Y \oplus Z}$$

Główną wadą kontroli parytetu jest to, że jeśli podczas transmisji wystąpią dwa lub więcej błędów, nie mogą one zostać wykryte.

Ćwiczenie

Weź pod uwagę poniższy diagram:

1 Użyj go do wygenerowania tabeli prawdy i:

(i) Pbit
(ii) The Cbit

2 Gdyby użyto nawet parytetu, jakie zmiany wprowadziłbyś do schematu logicznego?

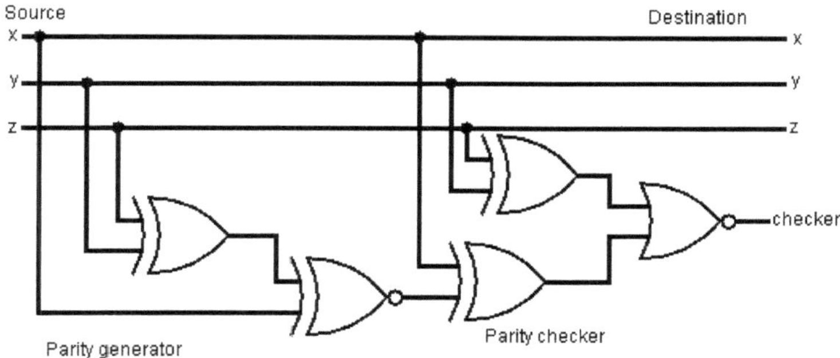

3 Jaka jest największa wada tego układu logicznego, jeśli chodzi o wykrywanie i korygowanie błędów?

Środki na poszukiwanie

http://www.electronics-tutorials.ws/combination/comb_1.html

https://www.allaboutcircuits.com/textbook/digital/chpt-9/combinational-logic-functions/

https://www.pdx.edu/nanogroup/sites/www.pdx.edu.nanogroup/files/2013_Combinational_and_Sequential_L

WYKŁAD 11 ELEMENTY SKŁADOWE OBWODÓW LOGICZNYCH KOMBINOWANYCH

11.1 Dekodery

Dekoder jest to kombinowany obwód logiczny z kilkoma liniami wyjściowymi, z których jedna jest aktywna w danym momencie. Aktywna linia wyjściowa jest zależna od wzoru linii wejściowych. Na ogół dekoder posiada *n linii wejściowych* i 2n linii wyjściowych. Poniżej znajduje się obwód logiczny dekodera od 2 do 4 linii wejściowych.

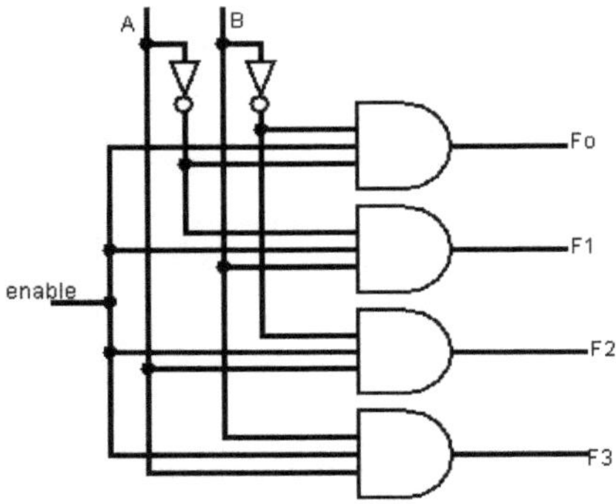

Rysunek 23: Obwód logiczny dekodera 2 do 4

Wyrażenia logiczne dla wyjść F0 - F3 są następujące:

$Fo = enable.\overline{A}\overline{B}$

$F1 = enable.\overline{A}B$

$F2 = enable.A\overline{B}$

$F3 = enable.AB$

Tabela prawdy dla powyższego dekodera może być tworzona poprzez śledzenie sygnałów wejściowych od wejścia do wyjścia, notując odpowiednie wartości każdej z linii wyjściowych, lub może być tworzona poprzez podstawienie wartości binarnych każdej z kombinacji wejściowych w powyższych wyrażeniach logicznych.

enable = 1					
A	B	F0	F1	F2	F3
0	0	1	0	0	0
0	1	0	1	0	0
1	0	0	0	1	0
1	1	0	0	0	1

Dekodery mają wiele zastosowań w komputerach cyfrowych. Mogą być używane do sterowania innymi obwodami. Na przykład, jeśli nie są potrzebne żadne zmiany w innych obwodach, linia włączenia może być po prostu ustawiona na zero (0). Innym przykładem zastosowania dekoderów jest dekodowanie adresów pamięci. Na przykład, aby zbudować 1 KB pamięci przy użyciu czterech (4) 256 x 8 układów RAM, potrzebna jest jedna zunifikowana przestrzeń adresowa, która może być podzielona w następujący sposób:

\Address	Chip
0000-00FF	0
0100-01FF	1
0200-02FF	2
0300-03FF	3

Tak więc każdy układ wymaga ośmiu (8) linii adresowych i są one dostarczane przez bity 0-7 bitowych linii. Bity wyższego rzędu - 2 bity, 8 i 9 są używane do wybrania jednego z czterech chipów za pomocą dekodera od 2 do 4. Wyjścia dekodera umożliwiają wybranie tylko jednego z czterech chipów jednocześnie.

Schemat blokowy pokazujący dekodowanie adresów

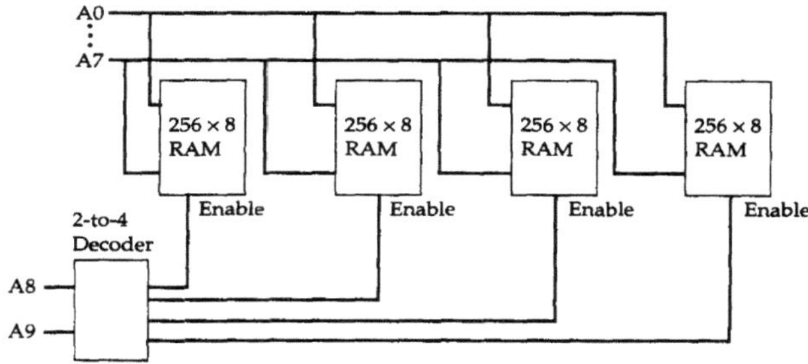

Rysunek 24: Dekodowanie adresów

Schemat blokowy działa w następujący sposób:

Aby odczytać lub zapisać dane w określonej lokalizacji pamięci, dekoder 2 do 4 służy do wyboru układu. Na przykład jeśli A8 = 0 i A9 = 0 to układ scalony 0 zostanie wybrany przez włączenie linii 0 na wyjściu dekodera do 1. Linie adresowe A0 -A7 są następnie używane do identyfikacji unikalnej lokalizacji pamięci, z której można zapisywać lub odczytywać dane. W powyższym układzie w danym momencie działa tylko jeden układ scalony.

11.2 Enkodery

Koder jest układem logicznym, który przekształca informacje lub dane z jednej postaci do drugiej lub z jednego kodu do drugiego, na przykład zmieniając ósemkowy numer kodu na numer binarny. Kodery są dokładnie przeciwieństwem dekoderów. Na ogół koder posiada *m* linii wejściowych i *n* linii wyjściowych. Z linii wejściowej m tylko jedna jest aktywna w danym momencie. Enkodery mogą być również wykorzystywane do zabezpieczenia (napis danych) i oszczędzania miejsca w pamięci (kompresja danych). Poniżej przedstawiono przykład podstawowego układu logicznego enkodera:

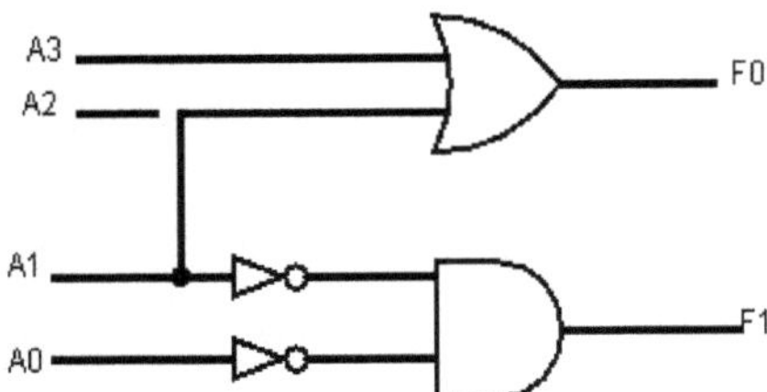

Podstawowy układ logiczny enkodera

A3	A2	A1	A0	F1	F0
0	0	0	1	0	0
0	0	1	0	0	1
0	1	0	0	1	0
1	1	0	0	1	1

Działanie powyższej logiki jest takie, że numer aktywnej linii wejściowej jest wyprowadzony, np. gdy A0 = 1, następnie F0 = 0 i F1 = 0. Poniższy układ logiczny ilustruje ten punkt:

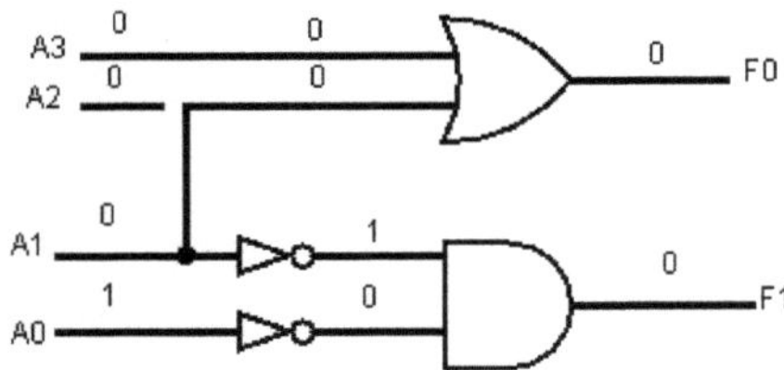

Rysunek 26: Podstawowe działanie enkodera

Weź pod uwagę tabelę 8 do 3 enkoderów prawdy poniżej:

X7	X6	X5	X4	X3	X2	X1	X0	Y2	Y1	Yo
0	0	0	0	0	0	0	1	0	0	0
0	0	0	0	0	0	1	0	0	0	1

0	0	0	0	0	1	0	0	0	1	0
0	0	0	0	1	0	0	0	0	1	1
0	0	0	1	0	0	0	0	1	0	0
0	0	1	0	0	0	0	0	1	0	1
0	1	0	0	0	0	0	0	1	1	0
1	0	0	0	0	0	0	0	1	1	1

Z tabeli prawdy jasno wynika, że wyrażenia logiczne dla Y0, Y1 i Y2 są:

$$YO = X1 + X3 + X5 + X7$$

$$Y1 = X2 + X3 + X6 + X7$$

$$Y2 = X4 + X5 + X6 + X7$$

Z wyrażeń logicznych tworzymy 8 do 3 binarny układ logiczny enkodera

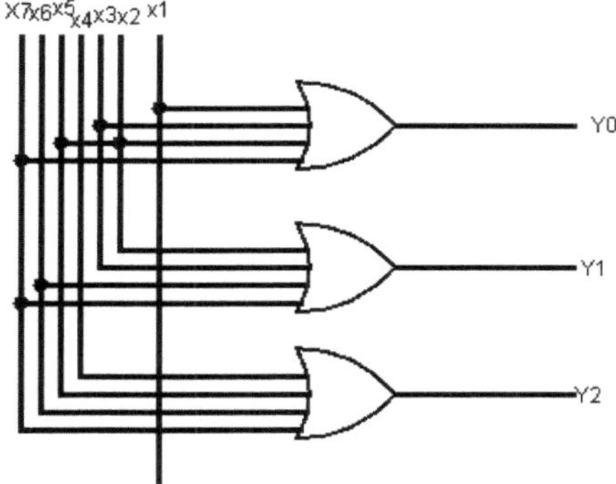

Linia wejściowa xo jest po prostu uziemiona, ponieważ jest tu nieistotna.

Rysunek 27: 8 do 3 obwód logiczny enkodera

11.3 Enkoder priorytetowy

Priorytetowy enkoder to kombinowany układ logiczny, który kompresuje wiele binarnych wejść danych na niewielką liczbę wyjść. Wyjście enkodera priorytetowego jest binarną reprezentacją zwykłej liczby rozpoczynającej się od zera najbardziej znaczącego bitu wejściowego. Priorytetowe enkodery są często używane do sterowania żądaniami przerwania poprzez działanie na żądanie o najwyższym priorytecie. Zawiera on również funkcję priorytetu, na przykład jeśli dwa lub więcej sygnałów wejściowych żądania o najwyższym priorytecie są równe jednemu (1) w tym samym czasie, sygnał wejściowy o najwyższym priorytecie będzie miał pierwszeństwo. Wewnętrzny sprzęt sprawdzi ten warunek i ustawiony zostanie priorytet.

Poniżej przedstawiono obwód logiczny enkodera priorytetowego:

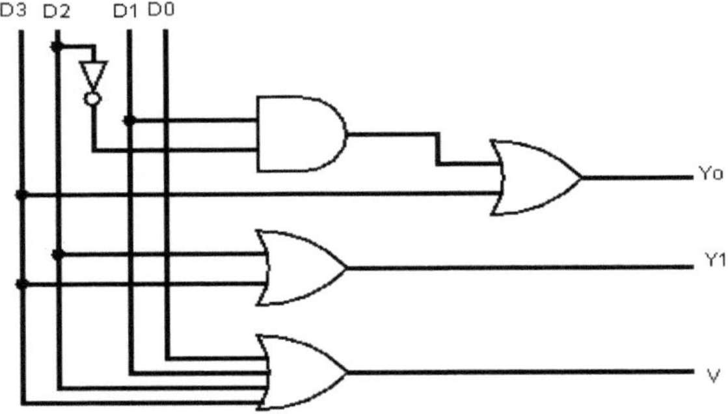

Rysunek 28: Obwód logiczny enkodera priorytetowego

Dane wejściowe					Dane wyjściowe		
D3	D2	D1	Do		Y1	Yo	V
0	0	0	0		x	x	0
0	0	0	1		0	0	1
0	0	1	x		0	1	1
0	1	x	x		1	0	1
1	x	x	x		1	1	1

x's w stole prawdy oznacza, że nie obchodzą nas warunki. Załóżmy, że wejścia D0 - D3 (gdzie D3 ma najwyższy priorytet i Do the least) są żądaniami przerwania. Jeśli wszystkie wejścia nie wydały żadnych żądań do procesora (D3-D0 = 0), to co pojawia się na Y1 i Yo nie ma znaczenia, a V = 0, co oznacza, że żadne urządzenie nie wydało żadnych żądań do procesora. Jeśli Do wystawia żądanie przerwania, wyjścia Yo = 0 i Y1 = 0 wskazują, że linia wejściowa 0 wystawiła żądanie przerwania, a V =1 wskazuje, że żądanie zostało wystawiane. Jeżeli linia wejściowa D1 wystosuje żądanie przerwania, to nie ma znaczenia, czy Do również wystosuje żądanie przerwania, ponieważ D0 ma niższy priorytet niż D1. Wyjścia na Y1 i Yo będą wskazywać jeden binarny (01), co oznacza, że żądanie D1 będzie obsługiwane, ale oba D i D3 muszą być zerowe. To samo odnosi się do D2 i D3. Jeżeli D2 wystosuje żądanie, to nie ma również znaczenia, czy D1 i D0 mają żądania, zostaną one po prostu zignorowane, ponieważ oba mają niższy priorytet w porównaniu z D2. Ale D3 musi być równe 0. Jeżeli D3 wystawi żądanie, to nie ma znaczenia, gdzie D2, D1, lub Do również wystawiły żądanie. Będą one ignorowane, ponieważ D3 ma najwyższy priorytet.

Główną wadą przypisywania priorytetów jest to, że serwisowanie urządzenia o wyższym priorytecie może trwać długo, dopóki ma ono żądania do procesora, podczas gdy te o mniejszym priorytecie będą ignorowane.

Weźmy pod uwagę poniższy przykład, w którym D3 i D2 wydały wnioski o wstrzymanie. Z rozgłaszanych sygnałów wynika, że żądanie D3 zostało potwierdzone, a D2 zignorowane.

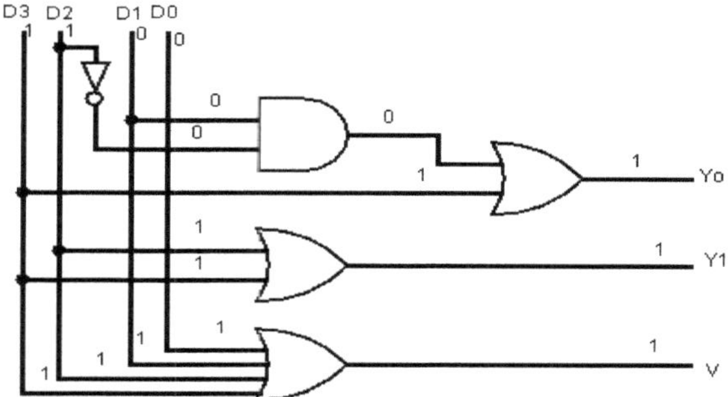

Rysunek 29: Priorytetowe działanie enkodera

Ćwiczenie

1 Weź pod uwagę poniższą tabelę prawdy:

D = 1						
D	A	B	F0	F1	F2	F3
1	0	0	1	0	0	0
1	0	1	0	1	0	0
1	1	0	0	0	1	0
1	1	1	0	0	0	1

(i) Użyj tabeli prawdy do stworzenia schematu logicznego (4 znaki)
(ii) Nazwa urządzenia i jego zastosowanie (2 znaki)
(iii) W praktyce, czy to prawda, że D jest zawsze równe 1? Wyjaśnij (3 znaki)

2 Dwie 4-bitowe liczby binarne A i B mają być porównywane w celu zapewnienia równości. A=A3A2A1Ao = 1011 i B=1101.

(i) Zaprojektuj (narysuj) schemat logiczny, którego użyłbyś do porównania dwóch liczb binarnych. Wyjaśnij jak działa twój schemat.
(ii) (ii) Wyprowadzenie równania logicznego wyjścia

3 W praktyce multiplekser i de multiplekser są połączone, jaki jest tego powód?

4 Weź pod uwagę poniższą tabelę prawdy: Biorąc pod uwagę, że jest to koder priorytetowy, wyjaśnij, jak to działa.

A3	A2	A1	A0	F1	F0
x	x	x	1	0	0
x	x	1	x	0	1
0	1	x	x	1	0
1	x	x	x	1	1

Materiały do dalszej lektury

https://www.cs.umd.edu/class/sum2003/cmsc311/Notes/Comb/mux.html

http://www.electronicshub.org/multiplexer-and-demultiplexer/

http://www.learnabout-electronics.org/Digital/dig44.php

http://coep.vlab.co.in/?sub=28rch=81im=609nt=1

WYKŁAD 12 SEKWENCYJNYCH OBWODÓW LOGICZNYCH

12.1 Wprowadzenie

Sekwencyjny układ logiczny to układ cyfrowy, którego wyjście zależy od następujących elementów:

- Obecne dane wejściowe
- Stan obecny
- Poprzednie dane wejściowe

Obwody sekwencyjne mają możliwość zapamiętywania (przechowywania), dzięki czemu mogą w jakiś sposób "zapamiętać" poprzednie wejścia. Zobacz klasyczny schemat blokowy układu logiki sekwencyjnej.

Klapka D składa się z części do przechowywania. Ze schematu blokowego wynika, że układ sekwencyjny składa się z dwóch głównych elementów:

- Kombinowany blok logiczny, który jest używany do przyjmowania wejść z zewnętrznych linii wejściowych
- Część magazynowa, która składa się z japonek

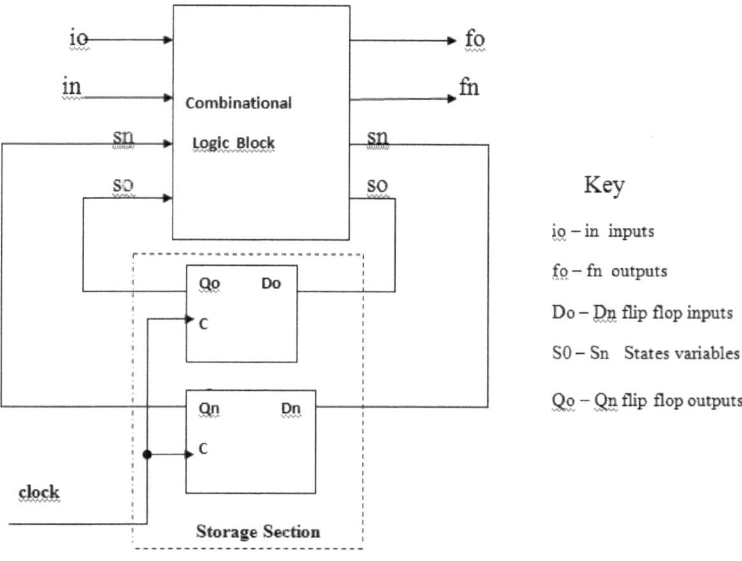

Rysunek 30: Klasyczny schemat blokowy obwodu sekwencyjnego

Sekwencyjne obwody logiczne są wykorzystywane do realizacji systemów pamięci. Na przykład pamięć 1-bitowa może być zaimplementowana za pomocą bramki logicznej OR, której wyjściem jest sprzężenie zwrotne do jej linii wejściowych. (Patrz przykład poniżej):

Rysunek 31: Podstawowa pamięć 1-bitowa zaimplementowana na bramce OR

Powyższa 1- bitowa pamięć działa w następujący sposób:

Jeżeli A i Q są początkowo na poziomie zerowym (0), wówczas wyjście Q pozostaje na poziomie zerowym (0). Jeżeli A kiedykolwiek stanie się binarne (1), to Q będzie binarne (1) kiedykolwiek potem, niezależnie od dalszych zmian w A. Działanie tej 1-bitowej pamięci najlepiej opisać tabelą stanów lub wykresem czasowym.

Stan obecny Qn	Wejście: A	Następny stan Qn + 1
0	0	0
0	1	1
1	1	1
1	0	1
1	1	1

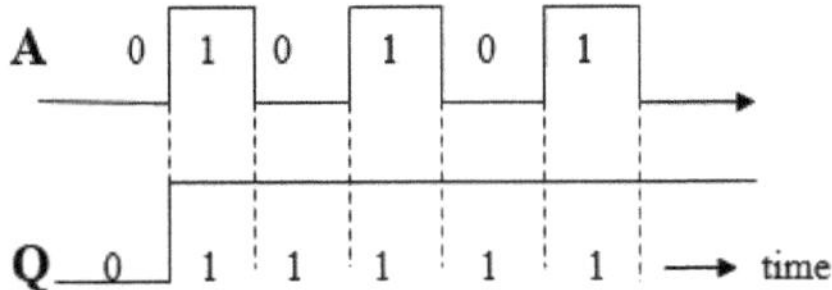

Rysunek 32: 1-bitowy wykres czasowy pamięci

Typem pamięci 1-bitowej opisanej powyżej jest pamięć typu Read Only Memory (ROM), która jest zapisywana raz, ale odczytywana wielokrotnie. Pamięci ROM są programowane i wstawiane przez producenta.

12.2 Zamek SR

Zatrzask SR jest najprostszą 1-bitową pamięcią (patrz układ logiczny poniżej)

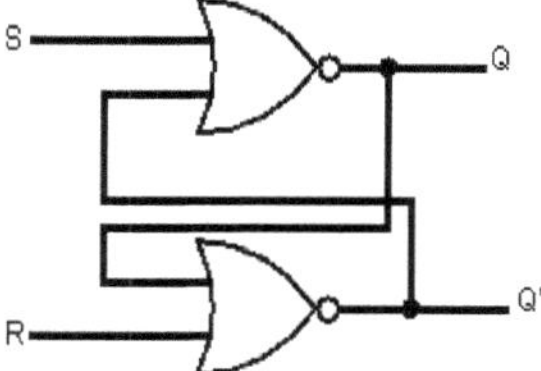

Rysunek 33: SR 1-bitowa pamięć, nie zaimplementowana na bramkach NOR

Japonka SR posiada dwie linie wejściowe S i R. S oznacza Set, a R Reset. S wprowadza zamek w stan 1 (zapamiętuje), gdy jest równy 1, a R czyści zamek do stanu 0, gdy jest równy 1. Dwie linie wyjściowe Q i (nie Q) Q' są zawsze komplementarne. Powyższy zatrzask jest przykładem asynchronicznego układu sekwencyjnego. Wyjście Q' (nie Q) jest podawane z powrotem do górnej bramki NOR, a wyjście Q jest podawane z powrotem do dolnej bramki NOR. Wyjście nie Q jest również zapisywane jako $\overline{Q}$. Dla celów standaryzacji podczas propagacji sygnałów, sygnały są propagowane najpierw z wejścia S, a następnie R. Jeśli zaczniemy propagować sygnały z wejścia R, tabele stanów nie będą takie same.

Powyższy zatrzask asynchroniczny działa w następujący sposób:

Kiedy S = 0 i R = 0, wyjście Q = 0 i $\overline{Q}$ = 1

Kiedy S = 0 i R = 1, wyjście Q = 0 i $\overline{Q}$ = 1

Gdy S = 1 i R = 0, wyjście Q = 1 i $\overline{Q}$ = 0.

Kombinacja wejściowa S = 1 i R = 1 nie jest dozwolona i jest znana pod kilkoma nazwami, takimi jak "stan wyścigowy", "stan nieokreślony" i "niejednoznaczny". Ta kombinacja wejściowa daje wyjście Q = $\overline{Q}$ = 0. Wyjścia Q i $\overline{Q}$ nigdy nie mogą być takie same. Warunek wyścigu oznacza, że to, która linia wejściowa zmieni się jako pierwsza, determinuje wyjście. Oznacza to, że nie można z całą pewnością przewidzieć kolejnego stanu. Działanie zatrzasku SR jest podsumowane w poniższej tabeli stanów:

S	**R**	**Q**	$\overline{Q}$	**Nazwa**
0	0	0	1	Bez zmian
0	1	0	1	Zresetuj (jasne do 0)
1	0	1	0	Ustawiony na 1 (sklep)
1	1	x	x	Niedozwolone

Zatrzask SR nie jest dostępny na rynku ze względu na stan wyścigowy lub niejednoznaczny stan. Podjęto kilka prób wyeliminowania stanu wyścigowego w zatrzasku SR bezskutecznie.

Zatrzask SR może być również zastosowany tylko w bramach NAND. Zobacz poniżej układ logiczny zatrzasku SR zaimplementowany tylko na bramkach NAND:

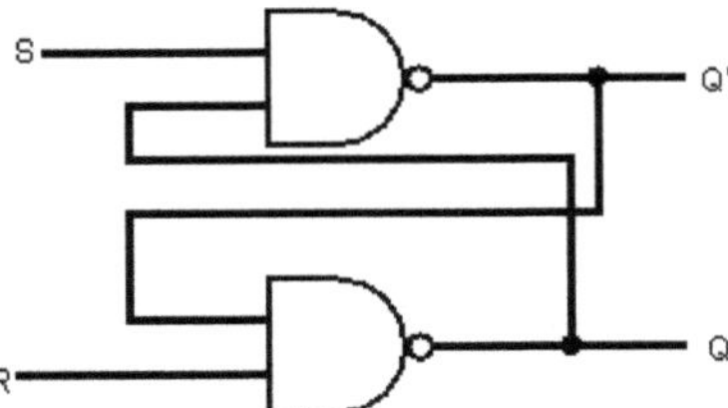

Rysunek 34: Zatrzask SR zaimplementowany tylko na bramach NAND

Zatrzask SR zaimplementowany na bramach NAND działa tylko w następujący sposób:

Kiedy S = 0 i R = 0, Q = 1 i $\overline{Q}$ = 1. Ta kombinacja wejściowa nie jest dozwolona, ponieważ jest to również warunek wyścigu lub przypadek niejednoznaczny. Pozostałe kombinacje wejściowe nie powodują niejednoznacznych przypadków. Patrz tabela stanów poniżej:

S	**R**	**Q**	$\overline{Q}$	**Nazwa**
0	0	x	x	Niedozwolone
0	1	0	1	Zresetuj (jasne do 0)
1	0	1	0	Ustawiony na 1 (sklep)
1	1	1	0	Ustawiony na 1 (sklep)

Symbol zatrzasku SR

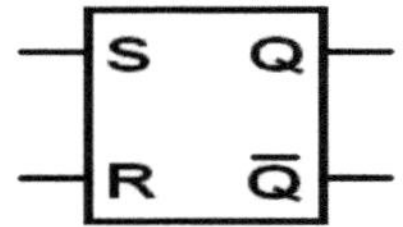

Jak wynika z powyższej tabeli stanu, na zatrzask SR zastosowany tylko w bramach NAND ma również wpływ niejednoznaczny przypadek. Próba wyeliminowania tego dwuznacznego przypadku była kontynuowana poprzez wprowadzenie bramek NAD i zegara na zatrzask SR.

12.3 Zegarowa japonka SR

W zegarowym SR japonce, i bramy i zegar zostały wprowadzone. Bramki AND są zazwyczaj używane do celów kontrolnych ze względu na charakterystykę pracy AND, gdzie wyjście jest tylko binarne (1) i tylko wtedy, gdy oba wejścia są binarne. Zegar został wprowadzony, aby upewnić się, że zatrzask nie zmienia stanów arbitralnie, ale powinien zmieniać się w regularnych odstępach czasu impulsu zegarowego. (Zobacz poniżej taktowany układ logiczny SR flip flopa).

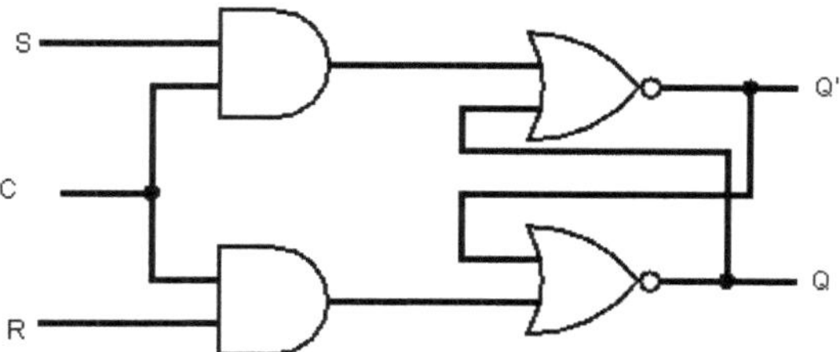

Rysunek 35: Zegarowa klapka SR zamontowana na bramkach AND i NOR

Poniżej znajduje się tabela prawdy eksperymentalnej:

C	S	R	Q	$\overline{Q}$
0	0	0	0	1
0	0	1	0	1
0	1	0	0	1
0	1	1	0	1
1	0	0	0	1
1	0	1	0	1
1	1	0	1	0
1	1	1	x	x

Z eksperymentalnej tabeli prawdy jasno wynika, że wprowadzenie zegara miało wpływ na działanie klapki. Gdy zegar(C) = 0, klapka nie zmienia swoich stanów, lecz zmienia stany, gdy tylko zegar ma wartość 1. Wprowadzenie zegara nie wyeliminowało jednak przypadku niejednoznacznego.

Poniżej znajduje się podsumowanie standardowej tabeli stanu taktowanej klapki SR

C	**S**	**R**	**Q**	$\overline{Q}$	**Nazwa**
1	0	0	0	1	Bez zmian
1	0	1	0	1	Zresetuj (jasne do 0)
1	1	0	1	0	Ustawiony na 1 (sklep)
1	1	1	x	x	Niedozwolone

Klapka Clocked SR może być również stosowana tylko na bramkach NAND. Na przykład poniżej znajduje się taktowana logika SR flip flopa zaimplementowana tylko na bramkach NAND.

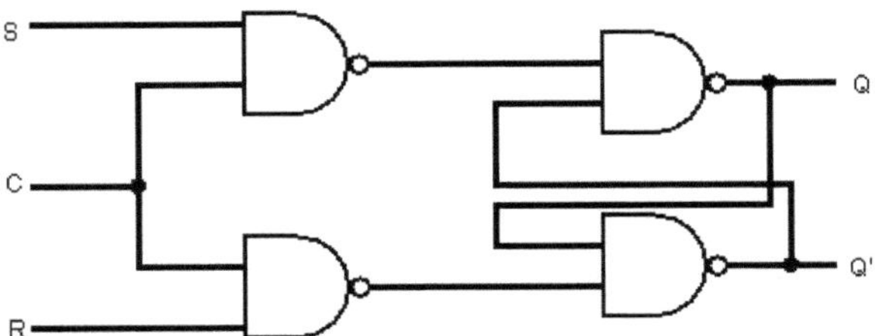

Rysunek 36: Zegarowa klapka SR zaimplementowana tylko na bramkach NAND

Jak widać poniżej, obie tabele prawdy są takie same i są to standardowe tabele prawdy.

C	S	R	Q	$\overline{Q}$	Nazwa
1	0	0	0	1	Bez zmian
1	0	1	0	1	Zresetuj (jasne do 0)
1	1	0	1	0	Ustawiony na 1 (sklep)
1	1	1	x	x	Niedozwolone

12.4 Sygnały sterujące klapką

Sygnały sterujące związane z japonkami są:

- Zegar
- $\overline{\mathrm{Pr}\, eset}$
- $\overline{Clear}$

Zegar służy do wprowadzania danych z zewnętrznych źródeł wejściowych do japonki i służy również do celów synchronizacji.

$\overline{\mathrm{Pr}\, eset}$ Sygnał sterujący jest wykorzystywany do wymuszenia wprowadzenia klapki do stanu pierwszego (zapamiętania) niezależnie od zegara lub wartości na liniach wejściowych. Sygnał sterujący $\overline{\mathrm{Pr}\, eset}$ był jedną z opcji zastosowanych w celu uniknięcia dwuznacznego przypadku w taktowanej klapce SR.

$\overline{Clear}$ Sygnał sterujący jest używany do kasowania klapki niezależnie od zegara lub wartości w liniach wejściowych. $\overline{\mathrm{Pr}\, eset}$ $\overline{Clear}$ Są to sygnały niskiego poziomu, co oznacza, że pracują one na zboczu opadającego impulsu zegarowego, tzn. są aktywowane przez sygnał niskiego poziomu (binarne 0). W związku z tym nie mogą one być jednocześnie zerami binarnymi.

Poniżej znajduje się przykładowa tabela prawdy z taktowaną klapką SR, gdzie $\overline{Clear}$ sygnały sterujące i $\overline{Preset}$ kontrolne zostały dodane.

$\overline{Preset}$	$\overline{Clear}$	C	S	R	Q	$\overline{Q}$
0	1	1	0	0	1	0
1	0	1	1	0	0	1
1	1	1	1	0	1	0
1	0	1	1	0	0	1
0	1	1	1	0	1	0

Z powyższej tabeli stanów (prawda) wynika, że gdy wartość jest $\overline{Preset}$ równa 0, klapka jest wprowadzana w stan 1 (zapamiętywanie), na przykład pierwsza kombinacja wejść: $\overline{Preset}$ = 0, $\overline{Clear}$ = 1, C = 1, S = 0 i R =0, Q = 1 i $\overline{Q}$ = 0. W przypadku braku $\overline{Clear}$ sygnałów sterujących $\overline{Preset}$ i wejściowych ta kombinacja wejść byłaby Q = 0 i $\overline{Q}$ = 1. Z powyższej tabeli stanów wynika również, że zawsze, gdy $\overline{Clear}$ = 0, klapka jest wprowadzana do stanu 0 (Reset lub Clear to zero). W powyższej tabeli stanów są dwa przypadki, w których $\overline{Clear}$ = 0 i wyjścia w obu przypadkach są Q = 0 i $\overline{Q}$ = 1. Powyższa tabela stanu pokazuje, że nie ma przypadków, w których $\overline{Preset}$ $\overline{Clear}$ = równa się zero (0).Kiedy $\overline{Preset}$ = $\overline{Clear}$ 1, dwa sygnały sterujące są ignorowane i następuje konwencjonalna tabela prawdy (patrz tabela prawdy).

Działalność

1 Wypełnij poniższą tabelę prawdy dla japonki JK

$\overline{Preset}$	$\overline{Clear}$	C	S	R	Q	$\overline{Q}$
1	1	1	0	0	?	?
0	0	1	1	0	?	?
1	1	1	1	0	?	?
1	0	1	1	0	?	?
0	1	1	1	0	?	?

2 Co jest nie tak z powyższymi kombinacjami wejść sterujących?

3 Czy uważasz, że sygnały sterujące Preset i Clear są przydatne tylko dla japonki S R?

Dalsze czytanie i zasoby internetowe

http://www.learnabout-electronics.org/Digital/dig52.php

http://www.electronics-tutorials.ws/sequential/seq_1.html

http://www.circuitstoday.com/flip-flops

Ćwiczenie samooceny

1 Dlaczego klapki asynchroniczne SR nie są dostępne w sprzedaży?

2 Weź pod uwagę dolną klapkę zegarową SR:

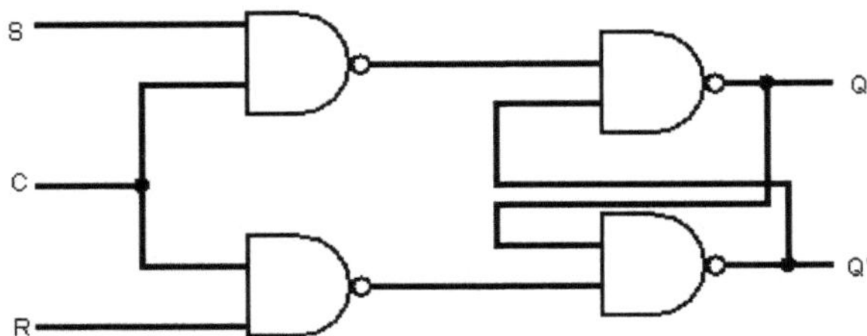

Wyprodukuj jego tabelę prawdy zaczynając od wejścia R. Porównaj tabelę prawdy, którą utworzyłeś z poprzednio utworzoną tabelą, rozpoczynając śledzenie sygnału z wejścia SR. Co ci to mówi?

3 Sygnały sterujące i $\overline{\mathrm{Pr}\,eset}$ $\overline{Clear}$ są ważne w kontaktach z klapką SR, dlaczego?

WYKŁAD 13 SEKWENCYJNE OBWODY LOGICZNE

13.1 Japonka Clocked JK

Zegarowa japonka JK jest modyfikacją japonki zegarowej SR. Japonka ta została zaprojektowana tak, aby wyeliminować niejednoznaczną obudowę japonki SR. (Patrz układ logiczny poniżej). Japonka JK została zaprojektowana przez Jacka Kilby'ego i otrzymuje swoją nazwę od inicjałów jego imion i nazwisk.

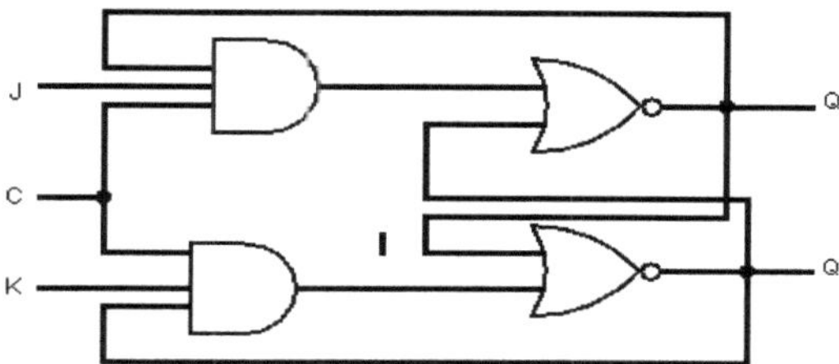

Rysunek 37: Zegarowa klapka JK wdrożona na bramkach AND i NOR

Litery J i K nie oznaczają niczego szczególnego, ale służą do odróżnienia japonki JK od japonki SR. J = S i K = R. Zauważ, że powyższe japonki są wykonane przy użyciu bramek AND i NOR.

Jak widać z powyższego układu logicznego, wyjścia Q i są $\overline{Q}$ przekazywane z powrotem do bramek AND. Jest to jedyna modyfikacja, której nie ma w taktowanej klapce SR. Wejście J służy do ustawienia klapki w stan jeden (store), gdy jest ona równa jednemu (1), a wejście K służy do wyzerowania klapki, gdy jest ona równa 1.

Linie sprzężenia zwrotnego są używane tylko w przypadkach, gdy C = 1, J = 1 i K = 1, w przeciwnym razie nie są one używane. Z powyższego stwierdzenia wynika, że japonka JK działa jak japonka SR z wyjątkiem przypadków C = 1, J = 1 i K = 1.

Zegarowa japonka JK działa w następujący sposób:

Kiedy C = 1, J = 0, K = 0, Q = 0, = $\overline{Q}$ 1

Kiedy C = 1, J = 0, K = 1, Q = 0, = $\overline{Q}$ 1

Kiedy C = 1, J = 1, K = 0, Q = 1, = $\overline{Q}$ 0T

Kiedy C = 1, J = 1, K = 1, Q = 0 i $\overline{Q}$ = 1

Informacja zwrotna stanowi uzupełnienie poprzedniego stanu. Operacje japonki JK mogą być podsumowane przez tabelę stanów jak pokazano na rysunku. Wprowadzenie sprzężenia zwrotnego wyeliminowało niejednoznaczny przypadek, ponieważ zawsze będzie ono przełączać (uzupełniać) poprzedni stan, gdy J = K= 1.

C	J	K	Q	$\overline{Q}$	Nazwa
1	0	0	0	1	Bez zmian
1	0	1	0	1	Zresetuj (jasne do 0)
1	1	0	1	0	Ustawiony na 1 (sklep)
1	1	1	0	1	Przełączanie

Objaśnienie procesu przełączania w klapce JK zaimplementowanej na bramkach AND i NOR Gdy C =1, J = 1 i K = 1, propagujemy wartości wejść na wyjścia bramek NOR. Weź wyjścia i przekaż je z powrotem do bramek AND i ponownie rozmieść wartości wejściowe na wyjścia bramek NOR. Są to teraz właściwe wyjścia. Na przykład weź pod uwagę poniższą klapkę JK z symulowanymi wartościami wejść:

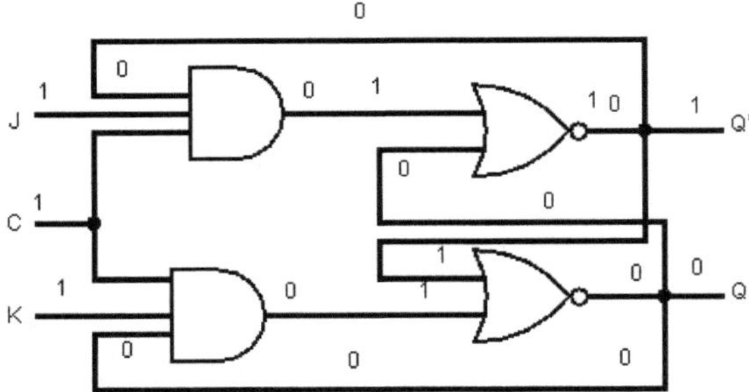

Rysunek 38: Zegarowa japonka JK pokazująca symulowane sygnały

Symulacja rozpoczyna się od bramki Upper AND, do której podłączone jest wejście JK. Bierzemy J =1, C = 1, propagujemy je przez bramkę AND daje 1, która jest przekazywana do górnej bramki NOR, daje 0 na wyjściu bramki NOR, która jest przekazywana z powrotem do górnej bramki AND. Na dolnej bramce AND, weź zegar C =1 i K = 1, przepuść je przez dolną bramkę AND, daje 1 na wyjściu, które jest przekazywane na wejście dolnej bramki NOR i daje 0 na jego wyjściu. 0 jest propagowane z powrotem na wejścia dolnej bramki AND. Tak więc, na górnej bramce AND, mamy sprzężenie zwrotne = 0, J = 1 i C = 1. Sygnały te są przekazywane przez bramkę AND i na jej wyjściu podajemy 0. Sygnał 0 jest propagowany na bramkę NOR, która daje 1 na wyjściu nie Q ($\overline{Q}$). Wyjście 1 na wyjściu not Q ($\overline{Q}$) jest końcowym wyjściem na górnej bramce NOR. Na dolnej bramce AND mamy C =1, K = 1 i sygnał sprzężenia zwrotnego = 0. Po przejściu przez dolną bramkę AND dajemy 0 na jego wyjściu. Sygnał 0 przekazywany jest do dolnej bramki NOR, razem z 1 z górnej bramki NOR. (Zauważ, że wyjście górnej bramki NOR jest również podłączone do wejścia dolnej bramki

NOR. Tak więc sygnał 0 i 1 przez bramkę NOR wytwarza zero (0). Końcowe wyjścia to Q = 0 i $\overline{Q}$= 1. W ten sposób niejednoznaczny przypadek został wyeliminowany w klapce SR.

Zegarowa klapka JK może być również realizowana tylko na bramkach NAND:

Na przykład:

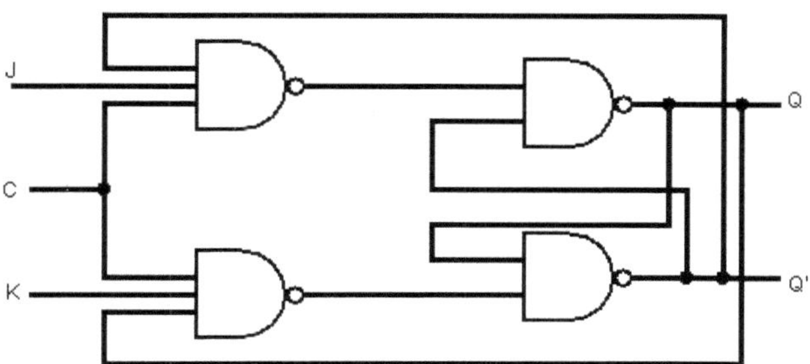

Rysunek 39: Zegarowa klapka JK zaimplementowana tylko na bramkach NAND.

Implementacja jest podobna do tej z zegara JK wdrożonego na bramkach AND i NOR, ale należy pamiętać, że połączenia zwrotne. Inaczej niż w przypadku klapki zegarowej zaimplementowanej na bramkach AND i NOR, w klapce zegarowej zaimplementowanej na bramkach NAND, wyjście górnej bramki NAND jest podłączone do wejść dolnej bramki NAND, a wyjście dolnej bramki NAND jest podłączone do linii wejściowych górnej bramki NAND.

Tabela prawdy

C	**J**	**K**	**Q**	$\overline{Q}$	**Nazwa**
1	0	0	0	1	Bez zmian
1	0	1	0	1	Zresetuj (jasne do 0)
1	1	0	1	0	Ustawiony na 1 (sklep)
1	1	1	0	1	Przełączanie

Działanie zegarowej klapki JK realizowanej tylko na bramkach NAND

Powyższa tabela prawdy podsumowuje działanie zegarowej klapki JK zaimplementowanej tylko na bramkach NAND. Tak jak w przypadku japonki JK zaimplementowanej na bramkach AND i NOR, informacja zwrotna jest używana tylko wtedy, gdy C = 1, J = 1, a K = 1.

W taktowanej klapce JK zaimplementowanej tylko na bramkach NAND, gdy pojawi się kombinacja wejść C = 1, J = 1 i K = 1, wyjścia poprzednich stanów i obecnych wejść zostaną wykorzystane do wygenerowania stanu obecnego. Na przykład rozważ poniższą taktowaną klapkę JK z symulowanymi sygnałami:

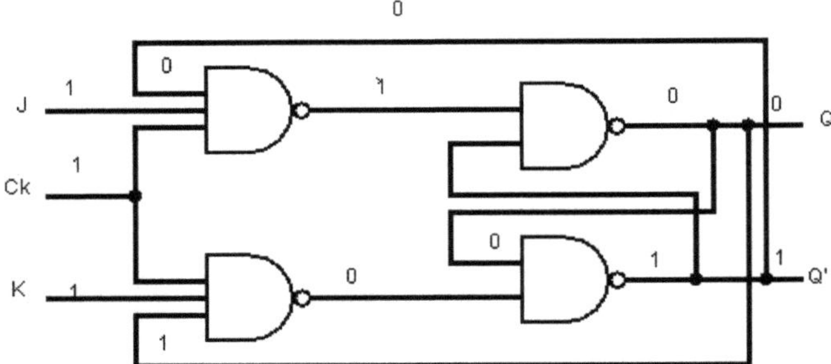

Rysunek 40: Klapka JK zaimplementowana na bramkach NAND pokazująca symulowane sygnały

Załóżmy, że poprzednie wyjścia były Q = 1 i $\overline{Q}$ = 0. 1 pochodzi z poprzedniego wyjścia górnej bramki NAND i jest podawany z powrotem do dolnej NAND. Zero (0) pochodzi z poprzedniego wyjścia dolnej bramki NAND i jest przekazywane na wejścia górnej bramki NAND. Wejścia na górną bramkę NAND są teraz J = 1, C = 1 i sprzężenie zwrotne (poprzedni stan = 1. Są one przekazywane dalej przez górną bramkę NAND. Wynik, jeśli symulacja jest: Q = 0, a nie Q ($\overline{Q}$) = 1. Chociaż japonka JK jest ulepszeniem w taktowanej japonce SR z powodu wyeliminowania niejednoznacznego przypadku (nieważne wejścia), to jednak nadal cierpi ona na problemy z czasem zwane "wyścigiem", jeśli wyjście Q zmieni stan zanim impuls czasowy wejścia zegarowego będzie miał czas na "wyłączenie". Powoduje to, że klapka przełącza się więcej niż jeden raz. Aby tego uniknąć (przełączanie więcej niż jeden raz), czas trwania impulsu czasowego (T) musi być możliwie jak najkrótszy poprzez użycie wysokiej częstotliwości. Czasami nie jest to możliwe w przypadku nowoczesnych układów scalonych TTL, które są znacznie lepsze. Master-Slave JK Flip-flop został opracowany w celu wyeliminowania problemu przełączania więcej niż jeden raz.

13.2 Klapka JK Master-Slave Flop

Japonki JK master- slave zostały opracowane w celu wyeliminowania problemu wielokrotnego przełączania, który jest związany z japonkami JK. Japonka ta składa się z dwóch japonek w jednej, master, który jest używany do 'produkcji' zawartości i slave, który jest używany do przechowywania 'wyprodukowanej' zawartości. Poniżej przedstawiono układ logiczny japonki JK typu master-slave:

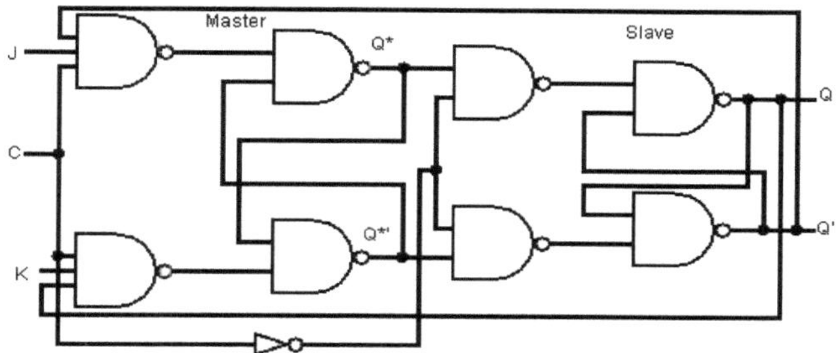

Rysunek 41: JK Master- Slave Flip Flop wdrożony na bramkach NAND

Klapka JK Master-Slave działa w następujący sposób:

Przy przejściu z zegara od 1 do 0, klapka Master podłączana jest do linii wejściowych JK, a urządzenie podrzędne (slave) nie może pracować ze względu na bramkę NOT, która uzupełnia sygnał zegara do klapki slave. Przy przejściu zegarowym 0 do 1, urządzenie Master jest izolowane od linii wejściowych i aktywowane jest urządzenie Slave, a zawartość urządzenia Master jest przekazywana do klapki Slave. Zadaniem urządzenia podrzędnego (slave) jest przytrzymanie wyjścia urządzenia nadrzędnego (master) podczas ustawiania go na następne wejście, zgodnie z danymi wejściowymi J i K.

Japonki JK Master-Slave Truth Table

C	J	K	Q*	$\overline{Q}$*	Q	$\overline{Q}$	Znaczenie
1	0	0	0	1	0	1	Bez zmian
1	0	1	0	1	0	1	Jasne do zera
1	1	0	1	0	1	0	Ustawiony na jeden (sklep)
1	1	1	0	1	0	1	Przełączanie

Master-slave JK eliminuje problem przełączania więcej niż jednego, ale jest to kosztowne. Japonki wyzwalane krawędziowo zostały opracowane w celu zastąpienia ich w niektórych przypadkach, szczególnie japonki JK wyzwalane krawędziowo, które stały się uniwersalne i najczęściej używane. Japonki JK, ze względu na swój przełączający charakter, są używane do realizacji binarnych liczników. Q* i $\overline{Q}$* są wyjściami urządzenia nadrzędnego JK. Z tabeli prawdy wynika, że urządzenie główne JK działa w taki sam sposób, jak konwencjonalne japonki JK. Sprzężenie zwrotne jest używane tylko w kombinacji wejściowej C = J = K = 1.

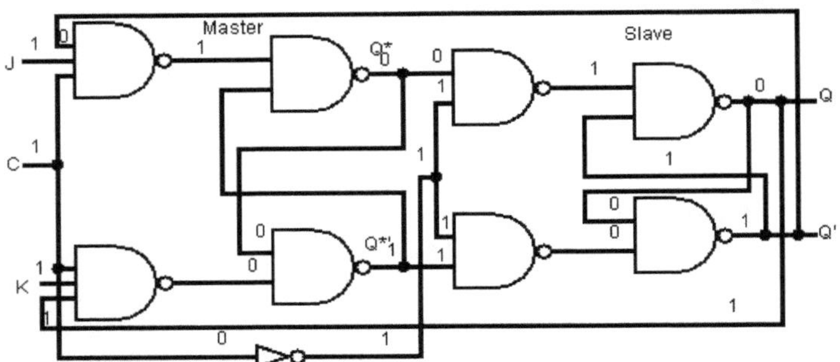

Rysunek 45: JK master-slave z symulowanymi sygnałami, gdzie poprzedni stan był Q = 1, a nie Q ($\overline{Q}$) = 0.

13.3 Klapka T (Toggle)

Klapka T (toggle) zmienia swoje wyjście na każdym zboczu zegara, dając wyjście, które jest połową częstotliwości sygnału na wejście T. Na przykład:

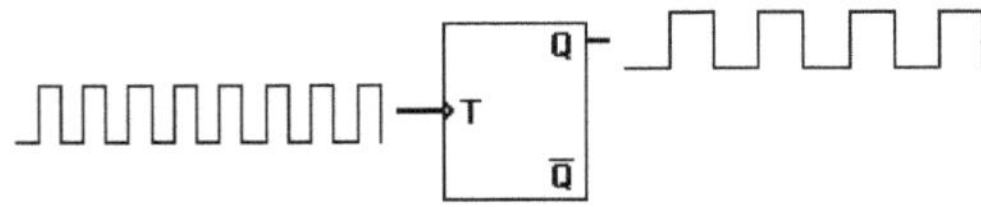

Jest on przydatny do budowy liczników binarnych, dzielników częstotliwości i ogólnych urządzeń dodawania binarnego. Przerzucarka T może być realizowana z wykorzystaniem specjalnej przerzucarki JK. Specjalna japonka JK jest tą, w której wejścia J i K są połączone razem. Ten typ klapki działa poprzez przełączanie poprzedniego stanu za każdym razem, gdy na wejściu T. T = J & K zostanie zastosowany impuls zegarowy.

Działalność

1 Użyj japonki JK zaimplementowanej na bramkach AND i NOR, a z niej pokaż, jak zaimplementowałbyś japonkę T.

2 Przedstawić jego prawdę, aby pokazać, że wyprodukowana japonka T działa inaczej niż oryginalna japonka JK

3 W tabeli prawdy produkowanej przez japonki T znajduje się ile możliwych kombinacji wejściowych?

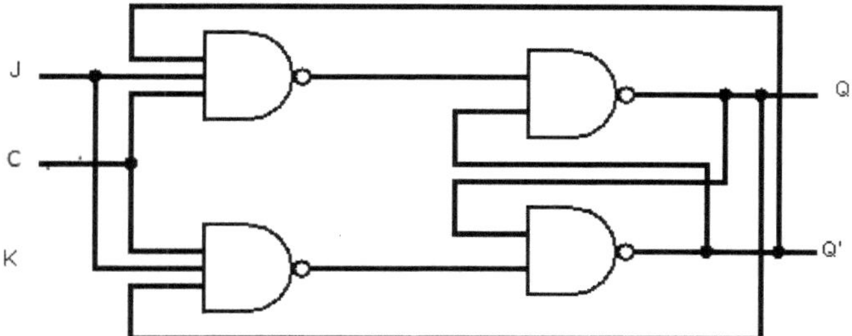

Rysunek 44: Układ logiczny klapki T zaimplementowany z klapki JK

Tabela Prawdy

C	J	K	Q	$\overline{Q}$
1	0	0	0	1
1	1	1	1	0
1	1	1	0	1

13.4 Klapka D (dane)

Klapka D jest najlepszym sposobem na uniknięcie dwuznacznego przypadku. Ta klapka ma jedną linię wejściową danych, a wejście D do górnej bramki NAND jest uzupełnieniem wejścia D dolnej bramki NAND. W ten sposób nie dochodzi do sytuacji, w której oba wejścia są logiczne (1s). (Patrz schemat logiczny poniżej na rysunku 45.

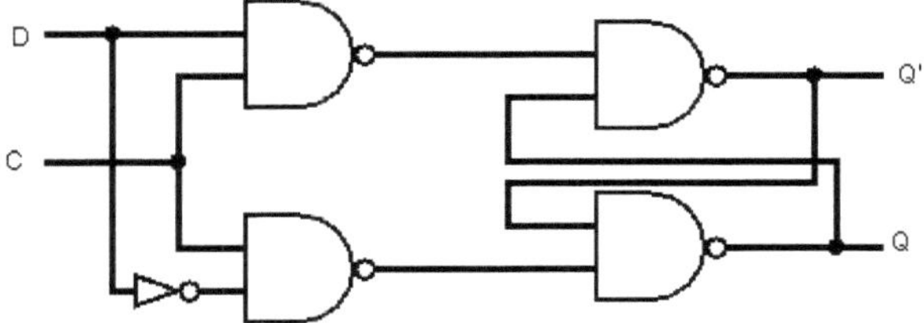

Rysunek 45: Klapka D zaimplementowana na bramkach NAND.

Klapka D może być również stosowana na bramkach AND i NOR. Klapka D działa w następujący sposób:

- Kiedy zegar C = 1 i D = 1, Q = 0 i $\overline{Q}$= 1
- Kiedy C = 1 i D = 1, Q = 1 i = $\overline{Q}$ 0

Tabela stanu klapek D

C	D	Q	$\overline{Q}$
1	0	0	1
1	1	1	0

Klapka D jest najprostsza w obsłudze i w tym module służy do zilustrowania działania najbardziej złożonych schematów logicznych.

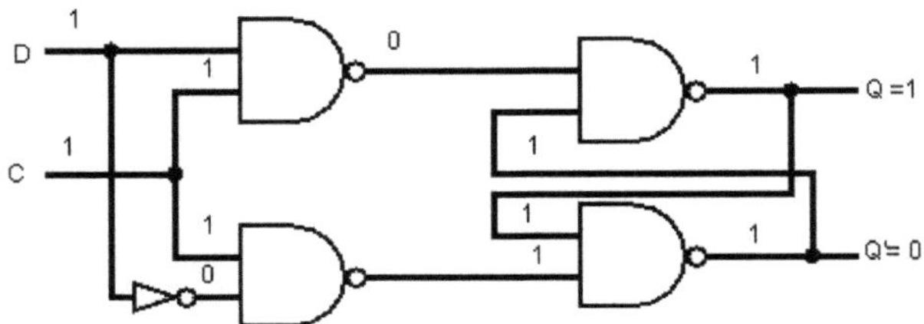

Rysunek 46: D klapka przedstawiająca symulowaną propagację sygnałów, gdy C = 1, D = 1.

Oczekiwana wydajność jest: Q = 1 i $\overline{Q}$. Trzeba więc wiedzieć, że gdy zegar(C) = 1, to wartość w D jest tą, która będzie wyświetlana na wyjściu.

D klapka wdrożona na bramkach AND i NOR

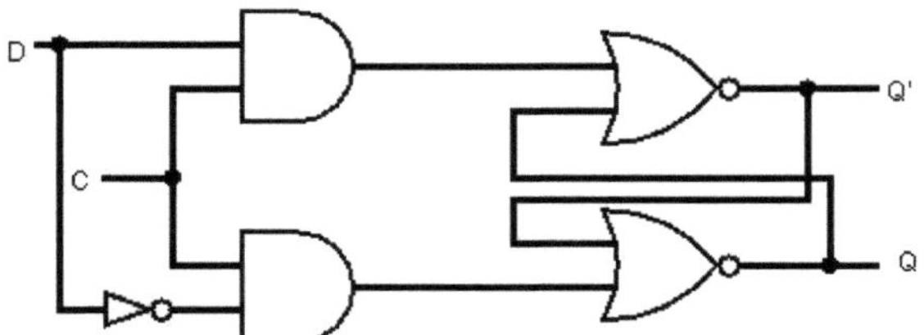

Rysunek 47: Klapka D wdrożona na bramkach AND i NOR

Nie ma żadnej różnicy w działaniu obu japonek, o czym świadczą ich odpowiednie tabele z prawdą.

Tabela stanu klapek D

C	D	Q	$\overline{Q}$
1	0	0	1
1	1	1	0

WYKŁAD 14 KLAPKI URUCHAMIANE BRZEGIEM

14.1 Dodatnie przejście krawędziowe i ujemne przejście krawędziowe

Japonki uruchamiane krawędzią zostały opracowane w celu wyeliminowania problemu wielokrotnego przełączania japonek JK. Japonki JK Master-slave eliminują ten problem, ale jest on kosztowny. Japonki z krawędzią wyzwalaną pracują albo przy wzroście krawędzi impulsu zegarowego (dodatnie przejście krawędzi) albo przy spadku krawędzi impulsu zegarowego (ujemne przejście krawędzi). Na przykład:

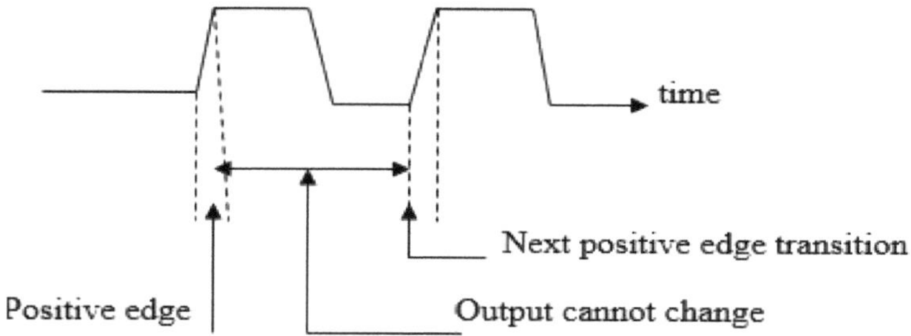

Rysunek 48: Pozytywne przejście krawędziowe

Po osiągnięciu progu dodatniego przejścia zbocza, wejścia zostają zablokowane, a klapka staje się nieczuła na dalsze wejścia i akceptuje wejścia tylko przy następnym dodatnim przejściu zbocza.

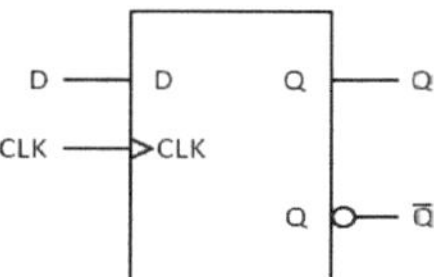

Symbol klapki wyzwalanej dodatnim brzegiem

W niektórych przypadkach wyjście nie Q ($\overline{Q}$) nie zostanie pokazane; jest to spowodowane tym, że dane lub informacje są gromadzone na wyjściu Q japonek. Nie oznacza to jednak, że jest to ważne. W licznikach służy do odliczania w dół, gdzie zegar jest do niego podłączony, aby uzupełnić oryginalny sygnał zegarowy. Dodatnie przejście zbocza znane jest również jako trailing edge impulsu zegarowego lub rosnące zbocze impulsu zegarowego lub przejście 0 do 1.

14.2 Ujemne przejście do zegara krawędziowego

Ujemne przejście impulsów zegara zbocza nazywane jest również przejściem zbocza opadającego, zboczem prowadzącym lub przejściem od 1 do 0. Zasada działania zbocza ujemnego i przejścia dodatniego jest zasadniczo taka sama.

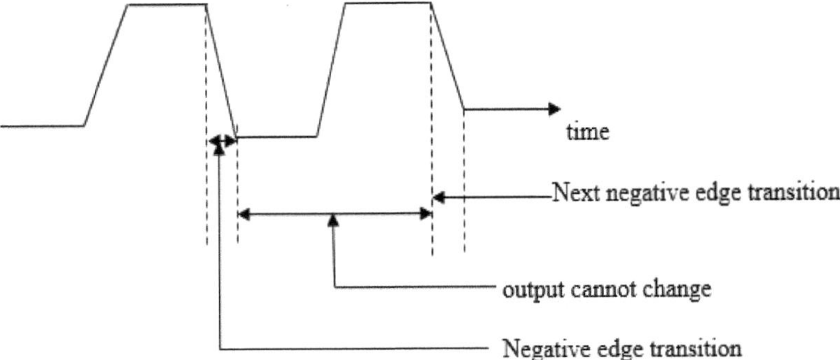

Rysunek 49: Negatywne przejście krawędziowe

Ujemny symbol klapki wyzwalanej krawędzią

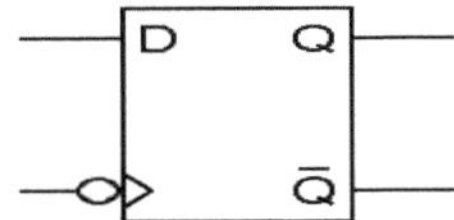

Zegar w przejściu ujemnego zbocza posiada pęcherzyk inwersyjny, który pokazuje, że jest aktywowany przez sygnał niskiego poziomu.

14.3 Schematy stanu klapek

Diagramy stanu klapki są wykorzystywane do projektowania diagramów stanu. Diagramy stanów pokazują przejścia z jednego stanu do drugiego podyktowane przez wejścia klapki i obecne stany. Na diagramie stanów stanów jest pokazany za pomocą koła. Numer binarny wewnątrz okręgu definiuje aktualny stan. Przejście z jednego stanu do następnego jest pokazane przez linię skierowaną, a obecne wejścia, które powodują przejście, są oznaczone na linii skierowanej. Jeżeli stan obecny jest taki sam jak następny, to rysowana jest linia skierowana łącząca okrąg z nim samym i oznaczająca obecne wejścia, na przykład w tabeli stanu SR, S = R = 0, następny stan jest taki sam jak stan obecny. Gdy S = 1 i R = 0, przejście jest ze stanu Q = 0 do stanu Q = 1. Gdy S = 0 i R = 1, przejście jest ze stanu Q = 1 do stanu Q = 0. (patrz rysunek 50 poniżej).

Schemat stanu klapki SR

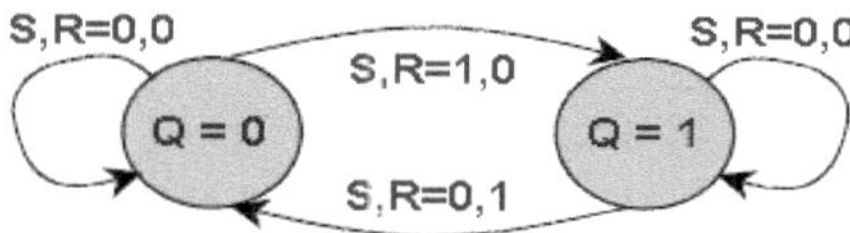

Rysunek 50: Schemat stanu klapki SR

Schemat stanu JK

Schemat stanu japonek JK jest podobny do schematu stanu japonek SR, ale jedyna różnica polega na tym, że schemat stanu japonek JK zawiera kombinację przełączającą, C = 1, J = K = 1. Ta kombinacja jest zabronioną kombinacją w japonkach SR.

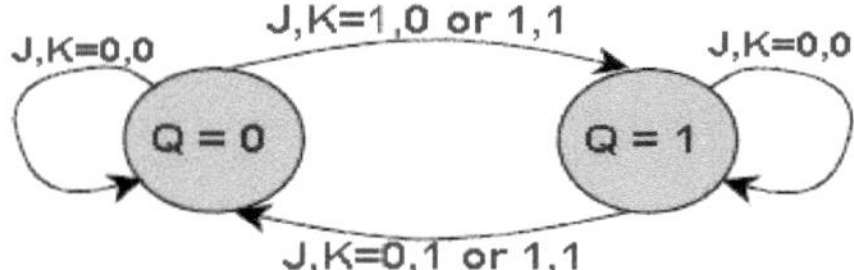

Rysunek 51: Schemat stanu japonek JK

Kombinacja przełączająca jest następująca: gdy J = 1 i K = 1, przejście może przebiegać w dowolnym kierunku w zależności od aktualnego stanu, np. gdy w stanie Q = 0 i wejścia J = 1, K = 1 zostaną zastosowane do japonki, przejdzie ona do następnego stanu Q = 1. Gdy w stanie Q = 1, a wejścia J =1, K = 1 zostaną zastosowane do japonki, przejdzie ona do stanu Q = 0 (patrz rysunek 51).

14.5 Japonki SR i JK Tabele wzbudzenia

Tabele wzbudzenia pochodzą z tabel stanów japonek. Tabele stanów określają następny stan, gdy znane są stany wejściowe i obecne. Podczas projektowania projektant zazwyczaj zna wymagane przejście z obecnego stanu do następnego, ale chce poznać warunki wejściowe klapki, które spowodują wymagane przejście. Tak więc tabela wzbudzenia wymienia wymagane kombinacje danych wejściowych dla danej zmiany stanu. Tabele wzbudzenia mogą być tworzone z tabel stanów na klapce lub z wykresów stanów.

Klapka SR Tablica wzbudzenia

Stan obecny	Następny stan	Wejścia japonek SR	
Q(t)	Q(t+1)	S	R
0	0	0	x
0	1	1	0
1	0	0	1
1	1	x	0

Stół wzbudzania SR działa w następujący sposób: Przejście ze stanu 0 (Q = 0) do następnego stanu Q = 0, wejście S musi być zerowe (0), wejście R jest nieważne, co oznacza, że bez względu na to, czy zostanie użyte 0 czy jeden, wyjście pozostaje bez zmian. Projektant zdecyduje się jednak na użycie 0 lub 1 lub czegokolwiek, co jest do jego dyspozycji na etapie projektowania. Przejście ze stanu Q = 0 do stanu Q = 1 oraz ze stanu Q = 1 do stanu Q = 0 jest proste i łatwe do zrozumienia. Przejście ze stanu Q = 1 do następnego stanu Q = 1, R musi być równe zeru (0), a S jest a don't care, czyli można użyć zera lub jedynki. Jeżeli w stanie pierwszym zostanie wybrane zero, oznacza to, że S = 0, R = 0, a więc nie ma żadnej zmiany. A no change oznacza, że jeśli jesteś w stanie 1, a S = 0, R = 0, pozostaniesz w stanie 1. To samo dotyczy sytuacji, gdy jesteś w stanie 0.

Japonki JK Tablica wzbudzenia

Stan obecny	Następny stan	Wejścia japonek JK	
Q(t)	Q(t+1)	J	K
0	0	0	x
0	1	1	x
1	0	x	1
1	1	x	0

Klapka JK jest nieco skomplikowana przez kombinację wejść przełączających. Nie dba więc o warunki w każdej z linii wejść JK. Pierwsza i ostatnia są jak w tabeli wzbudzeń SR. Nie jest to jednak zaskakujące, ponieważ japonka JK jest modyfikacją japonki SR. Druga i trzecia kombinacja wejść wykorzystuje kombinację wejść przełączających w japonkach JK. Najlepszym sposobem na stworzenie tabel wzbudzenia SR i JK jest wykorzystanie ich wykresów stanu.

WYKŁADOWCA 15 RÓWNAŃ OBWODÓW SEKWENCYJNYCH

15.1 Typowy schemat połączeń sekwencyjnych

Poniższy schemat przedstawia typowy przykład układu sekwencyjnego. Bramki AND, OR i INVERTER (NOT gate) tworzą logiczną część układu. Dwie klapki D tworzą część pamięciową obwodu sekwencyjnego.

Połączenia pomiędzy bramkami w obwodzie kombinowanym mogą być określone przez zestaw wyrażeń booleańskich, na przykład $DA = Ax + Bx$ (A i B są wyjściami dwóch klapek D, a x jest wejściem zewnętrznym). jest $DB = \overline{A}x$ wyprowadzone z pojedynczej bramki AND, której wyjście jest podłączone do wejścia D klapki B. Istnieje również wyjście zewnętrzne Y, które jest funkcją zmiennej wejściowej oraz np. stanu klapek ($Y = A\overline{x} + B\overline{x}$ równanie stanu). Zachowanie układu sekwencyjnego jest wyprowadzane z wejść, wyjść i stanu klapek.

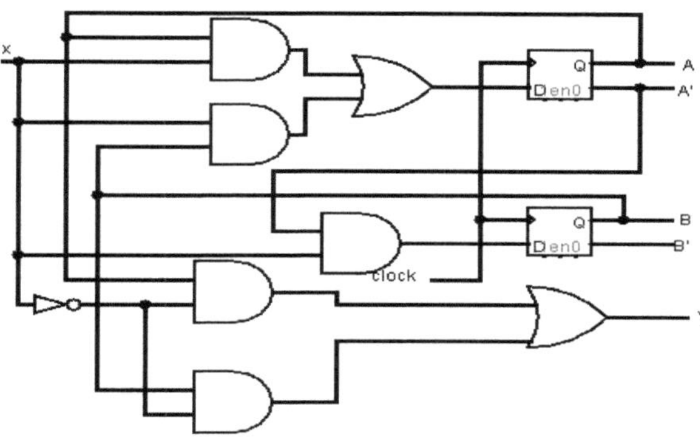

Rysunek 52: Przykład obwodu sekwencyjnego

Tabela stanu obwodów sekwencyjnych

Stan obecny		Wejście:	Następny stan		Wyjście
A	B	X	A	B	Y
0	0	0	0	0	0
0	0	1	0	1	0
0	1	0	0	0	1
0	1	1	1	1	0
1	0	0	1	0	1
1	0	1	1	0	0
1	1	0	0	0	1
1	1	1	1	0	1

15.2 Diagram stanu sekwencyjnego

Informacje w tabeli stanów mogą być przedstawione graficznie na diagramie stanu. Na diagramie stanów okrąg reprezentuje stan, a przejście pomiędzy stanami jest wskazywane przez bezpośrednie linie łączące te okręgi. Numer binarny wewnątrz okręgu reprezentuje stan klapki. Ukierunkowane linie są oznaczone dwoma numerami binarnymi oddzielonymi ukośnikiem. Wartość wejściowa w bieżącym stanie jest oznaczana jako pierwsza, a numer binarny po ukośniku daje wyjście. Ukierunkowana linia łącząca okrąg z nim samym oznacza, że nie dochodzi do zmiany stanu.

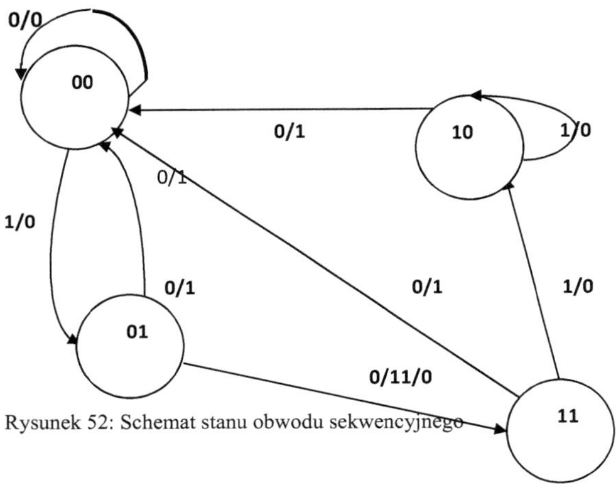

Rysunek 52: Schemat stanu obwodu sekwencyjnego

15.3 Pełna konstrukcja obwodu sekwencyjnego

Procedura projektowania obwodu sekwencyjnego składa się z następujących etapów:

- Tłumaczenie specyfikacji układu na schemat stanu;
- Przekształcenie wykresu stanu na tabelę stanu (tabela wzbudzeń)
- Z tabeli wzbudzenia otrzymujemy równania logiczne schematu.

Przykład: Zaprojektuj taktowany układ sekwencyjny, który przechodzi przez sekwencję powtarzających się stanów binarnych 00, 01, 10, 11, 00, 01 itd. gdy stan wejścia zewnętrznego x jest równy 1. Stan układu sekwencyjnego pozostaje niezmieniony, gdy wejście zewnętrzne x = 0.Stwórz jego tabelę stanów pokazującą jak funkcjonuje.

Praca: Krok 1

Ze specyfikacji problemów powstaje tabela stanu

Stan obecny		Wejście:	Następny stan	
A	B	X	A	B
0	0	0	0	0
0	0	1	0	1
0	1	0	0	1
0	1	1	1	0
1	0	0	1	0
1	0	1	1	1
1	1	0	1	1
1	1	1	0	0

Z tabeli stanów tworzony jest diagram stanu zgodnie ze specyfikacją układu sekwencyjnego, układ ten nie posiada żadnych zewnętrznych wyjść.

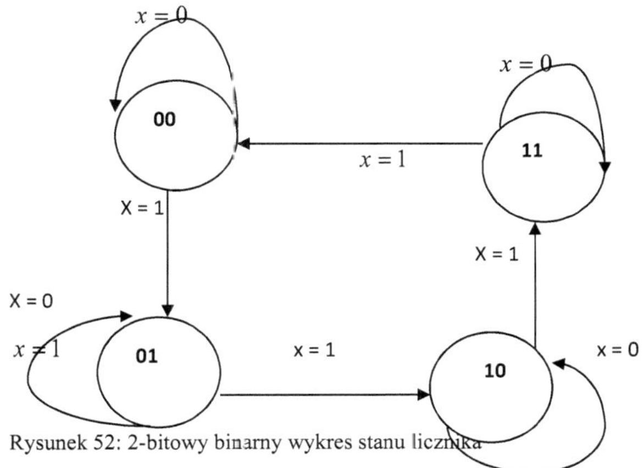

Rysunek 52: 2-bitowy binarny wykres stanu licznika

Krok 2 Z diagramu stanu stworzyć tabelę wzbudzenia. Ponieważ układ sekwencyjny jest binarnym licznikiem, użyjemy dwóch japonek JK do zbudowania 2-bitowego binarnego licznika UP

Stan obecny		Wejście:	Następny stan		Klapki JK Wejścia			
A	B	X	A	B	JA	KA	JB	KB
0	0	0	0	0	0	x	0	x
0	0	1	0	1	0	x	1	x
0	1	0	0	1	0	x	x	0
0	1	1	1	0	1	x	x	1
1	0	0	1	0	x	0	0	x
1	0	1	1	1	x	0	1	x

1	1	0	1	1	x	0	x	0
1	1	1	0	0	x	1	x	1

JA i KA są wejściami dla japonek A, a JB i KB są wejściami dla japonek B.

Etap 3

Zminimalizować tabelę wzbudzenia we wszystkich pozycjach, w których wyjście (kolejne stany klapek A i B) wynosi 1s lub xs. Funkcje, które należy zminimalizować są dla równań JA, KA, JB i KB. Dla JA minimalizujemy funkcję za pomocą trzy zmienne mapy Karnaugha. Nie ma potrzeby minimalizowania KA, ponieważ wejścia J i K są połączone.

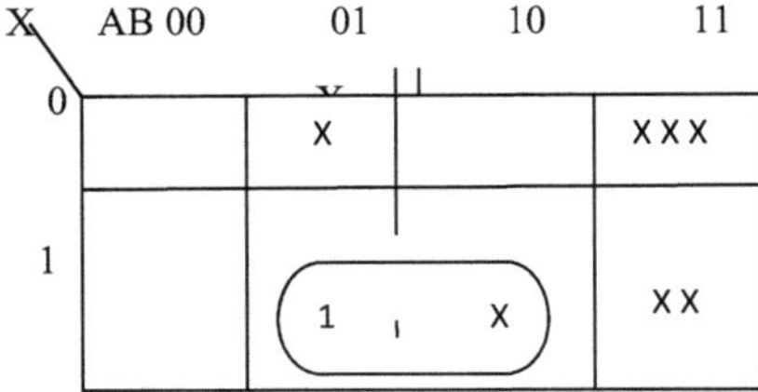

JA = BX

KA = BX

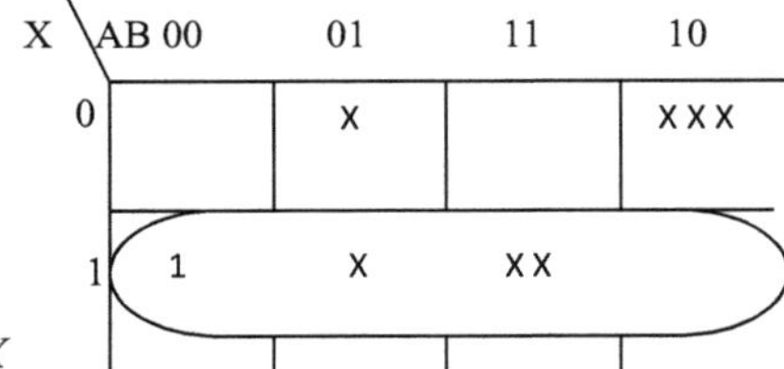

JB = X

KB = X

Informacje z tabeli wzbudzenia po zminimalizowaniu są następujące:

$JA = BX$; $JB = X$;

$KA = BX$; $KB = X$.

Z równań logicznych jasno wynika, że schemat logiczny powinien składać się z bramki AND i dwóch japonek JK. Wejścia J i K określają kolejny stan licznika w momencie pojawienia się sygnału zegarowego. Gdy oba wejścia J i K = 0, sygnał zegarowy nie będzie miał żadnego wpływu.

Następnym krokiem jest narysowanie schematu z równań logicznych.

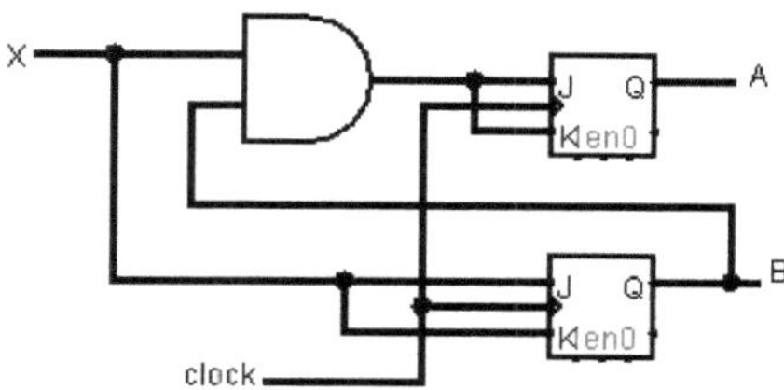

Rysunek 53: Dwu bitowy licznik binarny w górę

Poniższa tabela stanu pokazuje działanie 2-bitowego binarnego licznika UP

INPUT S			Stan obecny		Zewnętrzny	Następny stan	
C	J	K	A	B	X	A	B
1	0	0	0	0	0	0	0
1	1	1	0	0	1	0	1
1	1	1	0	1	1	1	0
1	1	1	1	0	1	1	1
1	1	1	1	1	1	0	0

Binarny licznik UP nie będzie liczył w górę, jeśli zewnętrzny sygnał jest równy zero (0).

Ćwiczenie 1 Użyj schematów blokowych, schematów czasowych i schematów stanu, aby odróżnić japonkę JK od japonki SR.

2 Mistrzowski niewolnik JK otrzymał tę nazwę, aby przekazać sposób, w jaki działa. Uzasadnij to stwierdzenie używając schematu i jego tabeli prawdy

3 Dlaczego dyskietka T z najlepszymi japonkami do wdrażania binarnych liczników?

4 Jaki problem rozwiązują japonki uruchamiane krawędziowo?

Środki na poszukiwanie

https://imlearner.files.wordpress.com/2010/08/computer-system-architecture-3rd-ed-morris-mano-p98.pdf

Marshall Brain, *The J-K Flip-Flop,* http://computer.howstuffworks.com/boolean5.htm.

William Stallings (2006) Organizacja i architektura komputerowa p.726-730

Shankar, Kenneth i Sleight (2013) *O JK i T Flip-Flop Diagramy* http://www.brighthubengineering.com/diy-electronics-devices/46610-jk-and-t-flip-flops/.

WYKŁAD 16 LADY BINARNE

16.1 Wprowadzenie

Licznik binarny to układ sekwencyjny (urządzenie), który może przechodzić przez określoną, zdefiniowaną wcześniej liczbę stanów. Może on odliczać w górę lub w dół. Liczniki są używane w prawie wszystkich komputerach cyfrowych. Licznik binarny może być skonstruowany z klapki JK ze względu na jego przełączający charakter.

Aplikacje

Liczniki służą do zliczania ilości instrukcji w programie, np. licznik programu (PC), zawiera adres następnej wykonywanej instrukcji.

Bezpośrednie liczenie

Liczniki są używane do bezpośredniego liczenia w produkcji, na przykład do liczenia ilości produktów. Są one również wykorzystywane w konwersjach cyfrowych do liczenia liczby sekwencji. Licznik binarny może być wykorzystany jako dzielnik częstotliwości.

16.2 Typy liczników

Są dwa rodzaje lady, a mianowicie:

- Asynchroniczny licznik w górę lub w dół
- Synchroniczny licznik w górę lub w dół

Licznik UP może liczyć od zera (0) do wcześniej zdefiniowanej liczby. Generalnie licznik UP liczy od 0 do 2n - 1, gdzie n to liczba japonek użytych do wykonania licznika. Na przykład jeżeli licznik binarny jest zaimplementowany przy pomocy trzech (3) japonek, to będzie liczył od 0 do 7, czyli 2n -1. Licznik w dół będzie liczył od określonej liczby powiedzmy 2n do 0, na przykład jeżeli w liczniku są cztery japonki, to będzie liczył od 15 do 0.

16.3 4 -bit Asynchroniczny licznik binarny w górę

Rysunek 54 przedstawia 4-bitowy asynchroniczny binarny licznik w górę zaimplementowany na klapce T (specjalna klapka JK, w której wejścia J i K są połączone. Licznik ten działa w następujący sposób:
Początkowo wszystkie wejścia, Q0, Q1, Q2 i Q3 są ustawione na zero. Wejścia J i K są przywiązane do wysokiego napięcia (5 V), dzięki czemu są gotowe do przełączania z zastosowaniem każdego impulsu zegarowego. Zastosowane w powyższym układzie klapki są wyzwalane przez przejście zegara od 1 do 0.

Gdy zegar znajduje się w przejściu 1 do 0, a J = K = 1, przełącza to obecne wyjście w Qo na 1. Ponieważ każda japonka może zapamiętać tylko 1 bit, 1 przesuwa zero (0), które jest przekazywane do zegara FF1, który pozostaje w stanie Q1 = 0. Zatem sytuacja jest Q3 = 0, Q2 = 0, Q1 = 0, Q0 = 1. Odliczanie zawsze zaczyna się od flip flopa FF0. Jeśli więc impuls zegarowy zostanie przyłożony do FF0, ponieważ J i K są gotowe do przełączenia, wyjście w Q0 jest przełączane na 0, zero (0) wypiera 1, które jest przekazywane do zegara FF1, to przełącza wyjście w Q1 z 0 na 1. Jedno (1) wypiera zero (0), które jest przekazywane do FF2, co nie zmienia jego stanu od zegara (C) = 0. To samo dotyczy FF3. Licznik będzie się liczył np. od 0 do 15:

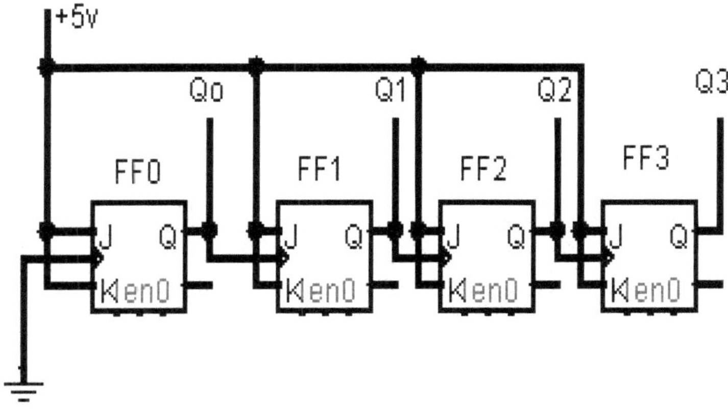

Rysunek 54: 4-bitowy asynchroniczny licznik binarny w górę

Q3	Q2	Q1	Q0
0	0	0	0
0	0	0	1
0	0	1	0
0	0	1	1
0	1	0	0
.	.	.	.
1	1	1	1

Wykres czasowy lepiej wyjaśnia działanie powyższego licznika. Do liczenia od 0 do 15 potrzebnych jest szesnaście (16) impulsów zegara. Wszystkie klapki działają na opadającej krawędzi impulsu zegarowego. Ponieważ są one połączone szeregowo, druga japonka (FF1) nie może zmienić swojego stanu przed zmianą stanu pierwszej japonki (FF0). To samo odnosi się do pozostałych japonek. Ten asynchroniczny licznik do góry jest również nazywany licznikiem ripple, ponieważ dla ostatniej japonki (FF3), która zmieni swój stan, sygnał będzie rippledem od pierwszej japonki (FF0) do FF3.

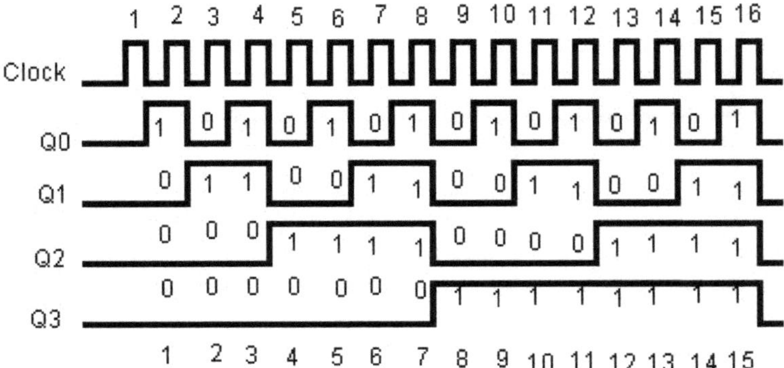

Rysunek 55: 4-bitowy binarny asynchroniczny wykres czasowy licznika w górę

16.4 4 4-bitowy asynchroniczny licznik binarny w dół

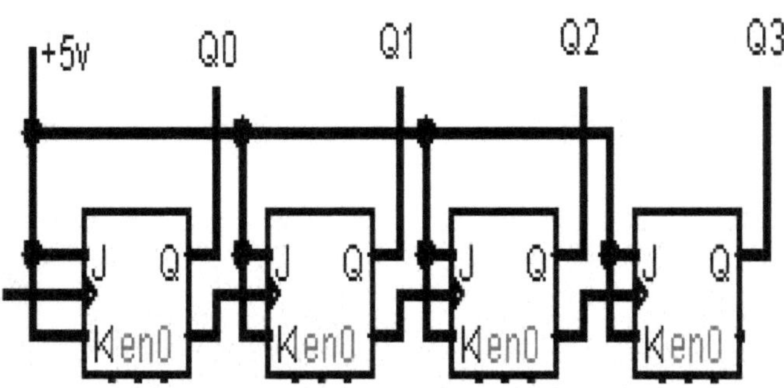

Rysunek 56: Schemat obwodu przeciwbieżnego w dół

Licznik dolny odlicza od zdefiniowanej wartości do zera. Wartość predefiniowana (2n-1) jest określana przez liczbę japonek w liczniku, np. jeżeli liczba japonek (n) wynosi cztery (4) to licznik dolny będzie liczył od 15 do 0.

Licznik dolny na rysunku 56 działa w następujący sposób:

Wejścia J i K wszystkich japonek są przywiązane do binarnego 1 (5v), więc wszystkie japonki są gotowe do przełączania aktualnego stanu w momencie podania impulsu zegarowego. Jednak japonki nie mogą przełączać się jednocześnie, ponieważ zegar jest podłączony szeregowo, a

FF1 nie może zmienić swojego stanu zanim FF0 nie zmieni swojego aktualnego stanu, ponieważ jest wyzwalany przez zegar podłączony do wyjścia FF0. To $\overline{Q}$ samo odnosi się do FF2 i FF3. Początkowo wszystkie klapki są ustawione na 1, tzn. FF0 = 1, FF1 = 0, FF2 = 0.

Pierwsza klapka (FF0) pracuje na przejściu zegarowym 1 o 0 (podobnie jak w liczniku górnym), ale FF1, FF2 i FF3 pracują na przejściu zegarowym 0 do 1, ponieważ ich zegary są podłączone do $\overline{Q}$ wyjść. Odliczanie zawsze rozpoczyna się od pierwszej klapki (FF0). Tak więc na przejściu 1 do 0 obecny stan FF0 (Q = 1) jest przełączany na 0 i na $\overline{Q}$ wyjściu 1 wypiera zero, które jest przekazywane do zegara, a na FF1 sytuacja wygląda następująco: J = K = 1, C = 0. Oznacza to, że FF1 nie zmienia swojego stanu. To samo odnosi się do FF2 i FF3. (Patrz przykład poniżej)

FF3FF2FF1FF0

1 1 1 1 Wartość zadana (15)

1 1 1 0

. . .

0 0 0 1

Wykres czasowy jeszcze lepiej wyjaśnia działanie licznika dolnego. Rysunek 57 pokazuje działanie a4-bitowego asynchronicznego binarnego licznika dolnego.

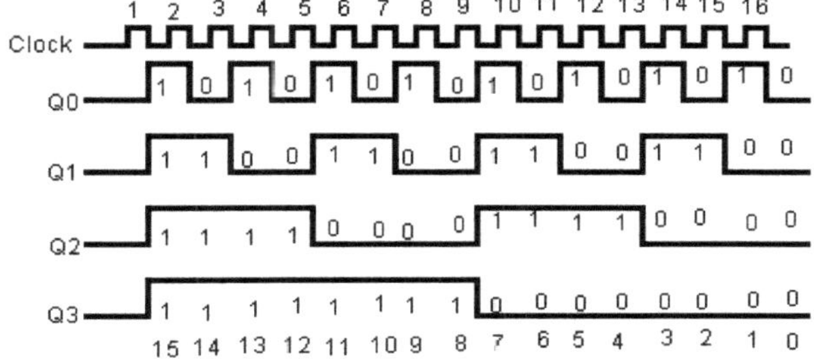

Rysunek 57: 4-bitowy asynchroniczny binarny wykres czasowy licznika czasu w dół

Zalety i wady liczników asynchronicznych

Dwie główne zalety liczników asynchronicznych to:

- Są one łatwe do zaprojektowania i wdrożenia
- Są mniej kosztowne

Wady są takie:

- Wolna prędkość pracy. Jest to spowodowane ich zasadą działania, tzn. druga klapka nie może zmienić swojego stanu zanim pierwsza nie zmieni swojego. Weźmy pod uwagę licznik z dziewięcioma japonkami. Aby dziewiąta japonka zmieniła swój stan, sygnał musi przebić się przez wszystkie pozostałe osiem japonek.
- Przy wysokich częstotliwościach taktowania może dojść do błędnego liczenia. W przypadku stosowania asynchronicznych układów binarnych liczników, gdzie liczba klap używanych do realizacji licznika jest duża, dodanie do siebie opóźnienia czasowego poszczególnych stopni daje całkowite opóźnienie czasowe, gdzie różnica czasu pomiędzy sygnałem wejściowym a wyjściowym licznika jest bardzo duża. Powoduje to oczywiście błędne liczenie. Wyjaśnia to również, dlaczego liczniki asynchroniczne nie są na ogół stosowane w obwodach zliczających o wysokiej częstotliwości były duże liczby bitów są zaangażowane.

Działalność

1 Dlaczego asynchroniczne liczniki nazywane są 'ripple' licznikami?

2 Czy możliwe jest rozpoczęcie liczenia z dowolnej pozycji cyfrowej?

3 Czy możliwe jest posiadanie asynchronicznych liczników UP/Down, tak/nie? Wyjaśnij w każdym przypadku.

Środki na poszukiwanie:

William Stallings (2006) Organizacja i architektura komputerowa p.732-733

https://www.allaboutcircuits.com/textbook/digital/chpt-11/asynchronous-counters/

http://www.electronics-tutorials.ws/counter/count_2.html

https://imlearner.files.wordpress.com/2010/08/computer-system-architecture-3rd-ed-morris-mano-p98.pdf

https://www.allaboutcircuits.com/textbook/digital/chpt-11/synchronous-counters/

https://www.quora.com/What-is-an-asynchronous-counter

WYKŁAD 17 SYNCHRONICZNE LADY BINARNE

17.1 Wprowadzenie

Zostały one opracowane w celu wyeliminowania głównych problemów związanych z asynchronicznymi licznikami binarnymi, a mianowicie:

- Wolna prędkość pracy
- Błędne liczenie na wysokich częstotliwościach, gdy liczba bitów jest duża.

W zsynchronizowanych licznikach, zewnętrzny sygnał zegarowy jest podłączony do wejścia zegara każdego pojedynczego japonka w liczniku i w ten sposób wszystkie japonki są zsynchronizowane w tym samym czasie. W ten sposób uzyskuje się stałą zależność czasową. Oznacza to, że zmiany na wyjściu zachodzą w synchronizacji z sygnałem zegarowym. Poszczególne bity wyjściowe zmieniają stan w tym samym czasie w odpowiedzi na wspólny impuls zegarowy. Tak więc w zsynchronizowanych licznikach nie występują efekty tętnienia, a więc nie występują opóźnienia propagacji.

17.2 4-bitowy binarny synchroniczny licznik w górę

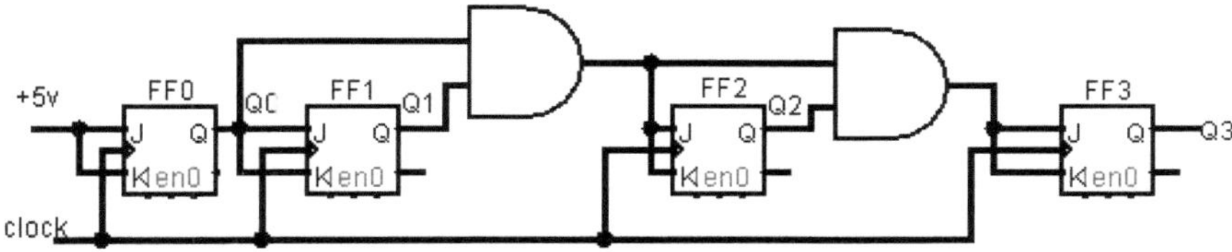

Rysunek 58: 4-bitowy binarny synchroniczny licznik w górę

Działanie

Wejścia J i K pierwszej japonki (FF0) są przywiązane do high(5v), więc japonka ta jest gotowa do przełączania, gdy tylko zostanie zastosowany impuls zegarowy(C = 1). Początkowo wszystkie klapki są ustawione na zero (0), czyli Q0 = 0, Q1 = 0, Q2 = 0 i Q3 = 0. Gdy impuls zegarowy zostanie przyłożony do FF0, obecny stan Q0 = zostaje uzupełniony o 1. 1 przesuwa zero, które rozchodzi się do wejść J i K FF1 oraz do wejść pierwszej bramki AND. Przy J = K = 0, C = 1, FF1 nie zmienia swojego stanu. To samo odnosi się do FF2 i FF3. W następnym liczeniu Q0 =1 jest uzupełniane do zera. Zero przesuwa 1, który rozchodzi się na wejścia J i K FF1. Tak więc wejścia do FF1 są: J = K = 1, C = 1. Obecny stan FF1 (Q1 = 0) uzupełniony jest o 1. 1 wypiera zero, które rozprzestrzenia się na wejścia J i K FF2 oraz na wejścia drugiej i bramki. Tak więc sytuacja jest Q0 = 0, Q1 = 1, Q2 i Q3 = 0.

Poniższa tabela podsumowuje działanie tego synchronicznego licznika.

Q3	Q2	Q1	Q0	J	K	C
0	0	0	1	1	1	1
0	0	1	0	1	1	1
0	0	1	1	1	1	1
0	1	0	0	1	1	1
.	.	.	.	1	1	1
.	.	.	.	1	1	1
1	1	1	.	1	1	1

Wykres czasowy jest taki sam jak w przypadku asynchronicznego licznika w górę, z tą tylko różnicą, że nie ma opóźnień w propagacji.

17.3 4-bitowy, binarny, synchroniczny licznik dolny

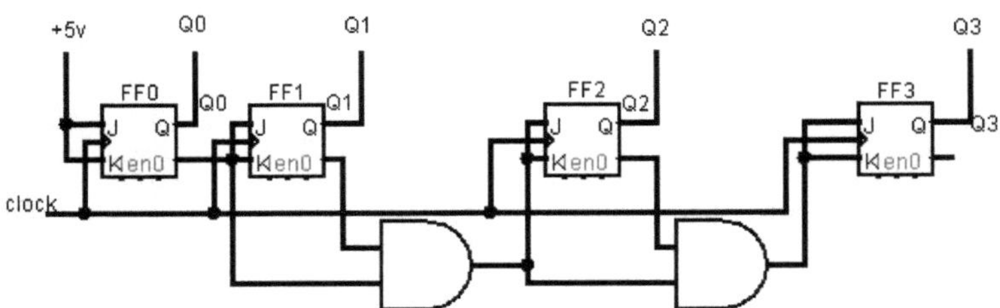

Rysunek 59: 4-bitowy synchroniczny licznik binarny w dół

Podstawowe działanie synchronicznego licznika dolnego jest takie samo jak synchronicznego licznika górnego. Jedyna różnica polega na tym, że początkowo wszystkie klapki są ustawione na wstępnie zdefiniowaną wartość, w tym przypadku na 15.

Działanie

Początkowo wszystkie japonki są ustawione na 1, czyli Q0 = 1, Q1 = 1, Q2 = 1 i Q3 = 1. Wejścia J i K FF0 są przywiązane do wyżu, więc jest on gotowy do przełączania, gdy tylko zostanie do niego przyłożony impuls zegarowy (C =1). Po przyłożeniu impulsu zegarowego, obecny stan FF0 (Q = 1) jest uzupełniany do zera (0). Kiedy Q było 1, nie Q ($\overline{Q}$) było zerem. Gdy Q zmieniło się na 0, $\overline{Q}$ zmieniło się na 1, więc ten na $\overline{Q}$ wyjściu wypiera zero, które rozchodzi się na wejścia J i K FF1 oraz wejścia pierwszej bramki AND. Sytuacja wygląda następująco: J = 0, K = 0 i C = 1. FF1 nie zmienia swojego stanu. To samo odnosi się do FF2 i FF3. Pozostała część odliczania odbywa się według powyższego wzorca. Zauważ, że w liczniku zsynchronizowanym, wejścia J i K oraz bramki AND sterują klapkami od jednoczesnej zmiany ich stanów. Podobnie jak w liczniku synchronicznym, wykres czasowy licznika asynchronicznego w dół i licznika synchronicznego w górę jest taki sam, z tą różnicą, że w liczniku synchronicznym w górę opóźnienia propagacji nie są zauważalne.

17.3 synchroniczne liczniki odwracalne

W praktyce liczniki w górę i w dół są łączone w jeden układ scalony w celu uzyskania odwracalnego licznika, który jest licznikiem zdolnym do liczenia w górę i w dół. Odwracalne liczniki są bardziej popularne niż pojedyncze liczniki w górę i w dół.

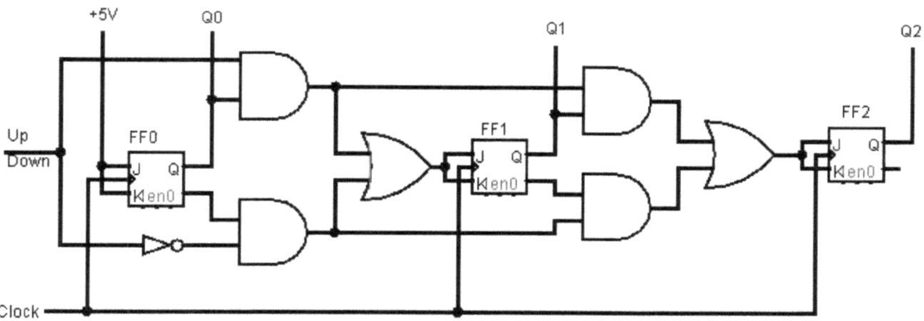

Rysunek 60: Schemat odwracalnego obwodu licznika

Powyższy diagram jest prostym 3-bitowym synchronicznym licznikiem binarnym Góra/Dół zaimplementowanym w japonkach JK, które działają jako japonki przełączane lub T. Maksymalny licznik wynosi 111. Licznik zlicza w sekwencji 1,2,3,4,5,6,7 lub w odwrotnej kolejności. Ten typ licznika jest dwukierunkowy i można go zmienić w dowolnym momencie sekwencji liczenia. Linia sterująca wejściami w górę lub w dół określa kierunek liczenia (patrz schemat czasowy rys. 61).

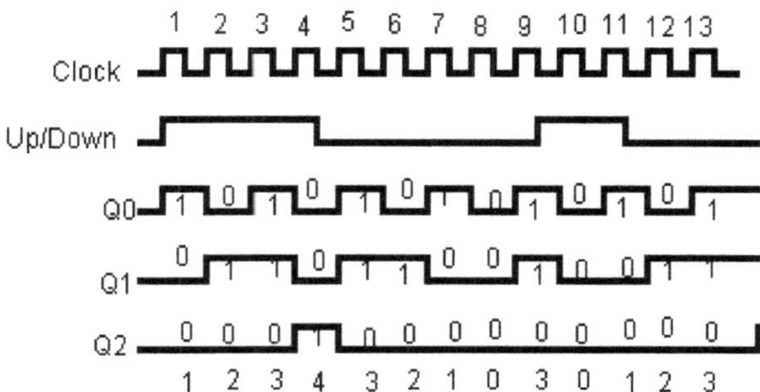

Rysunek 61: 3-bitowy odwracalny synchroniczny licznik binarny

Zasoby do badań

William Stallings (2006) *Organizacja i architektura komputerowa* p733-735

https://www.allaboutcircuits.com/textbook/digital/chpt-11/synchronous-counters/

http://www.ee.usyd.edu.au/tutorials/digital_tutorial/part2/counter05.html

http://www.doc.ic.ac.uk/~nd/surprise_96/journal/vol1/cwl3/article1.html

M. Morris Mano (2007) *Cyfrowa logika i projektowanie komputerowe*

https://imlearner.files.wordpress.com/2010/08/computer-system-architecture-3rd-ed-morris-mano-p98.pdf

http://www.learngroup.org/uploads/2014-12-26/Digital_Design_-_Fifth_Edition.pd

Ćwiczenie

1 Weź pod uwagę 2-bitowe synchroniczne liczniki UP/DOWN, które liczą się w kolejności 00, 01,10, 11, 00,01,11,10,01. Narysuj jego układ logiczny i schemat czasowy działania

2 Pokaż różnicę (różnice) pomiędzy licznikiem w górę i w dół za pomocą: (i) ich odpowiednich schematów logicznych, (ii) ich odpowiednich schematów czasowych

3 Sekwencje zliczania liczników asynchronicznych i synchronicznych są takie same. Jak można rozróżnić dwa podane schematy czasowe obu.

WYKŁAD 18 REJESTRY KOMPUTEROWE

18.1 Wprowadzenie

Rejestr komputerowy to grupa japonek używanych do tymczasowego przechowywania danych binarnych. Rejestr komputerowy służy do szybkiego przyjmowania, przechowywania i przekazywania danych i instrukcji, które są natychmiast wykorzystywane przez jednostkę centralną (CPU). W komputerze znajdują się różnego rodzaju rejestry wykorzystywane do różnych celów. Niektóre z najczęściej używanych rejestrów w komputerach cyfrowych to rejestry:

- Akumulator (AC) - używany do przechowywania pośrednich wyników przetwarzania
- Rejestr danych powszechnie znany jako rejestr danych pamięci (MDR) - rejestr ten znajduje się w jednostce sterującej i służy jako bramka dla danych z pamięci do rejestrów jednostki centralnej oraz dla wyników (informacji) z rejestrów jednostki centralnej do pamięci głównej
- Rejestr adresowy znany również jako rejestr adresów pamięci (MAR) - rejestr ten posiada swoje wyjścia podłączone do magistrali adresowej. Podczas wykonywania instrukcji, do rejestru tego przekazywana jest zawartość licznika programu (adres następnej wykonywanej instrukcji). W rejestrze tym binarne bity są ułożone w odpowiedniej kolejności i będą wskazywać na główne miejsce w pamięci, z którego ma być odczytana lub zapisana instrukcja lub dane.
- Licznik programów (PC) - służy do przechowywania adresu kolejnej wykonywanej instrukcji. Po pobraniu instrukcji z pamięci, komputer PC jest aktualizowany, aby zawierał adres następnej wykonywanej instrukcji. W zależności od adresu i organizacji pamięci, komputer PC może być aktualizowany poprzez dodanie np. jednej, dwóch lub czterech instrukcji:
  $PC \leftarrow [PC]$ 1 lub $PC \leftarrow [PC]+4$

Wielkość rejestru (liczba bitów binarnych, które może przechowywać) jest określona przez liczbę japonek użytych do wykonania tego rejestru. Na przykład na 16 japonkach zaimplementowany zostanie 16-bitowy rejestr, w którym każda z nich może przechowywać tylko 1 bit.

Najpopularniejsze typy rejestrów używanych do tymczasowego przechowywania danych są realizowane za pomocą japonek typu D i SR. Rejestry komputerowe mogą być zorganizowane szeregowo lub równolegle.

18.2 Działalność rejestru komputerowego

Operacje w rejestrze obejmują, transfer danych, operacje zmiany i modyfikacje rejestru.

Operacja przesyłania danych

Jest to załadowanie danych ze źródeł zewnętrznych do rejestrów komputerowych lub przeniesienie danych lub informacji z jednego rejestru do drugiego. Operacja transferu danych może być szeregowa lub równoległa. Poniżej znajduje się równoległy rejestr ładowania zaimplementowany na klapce D

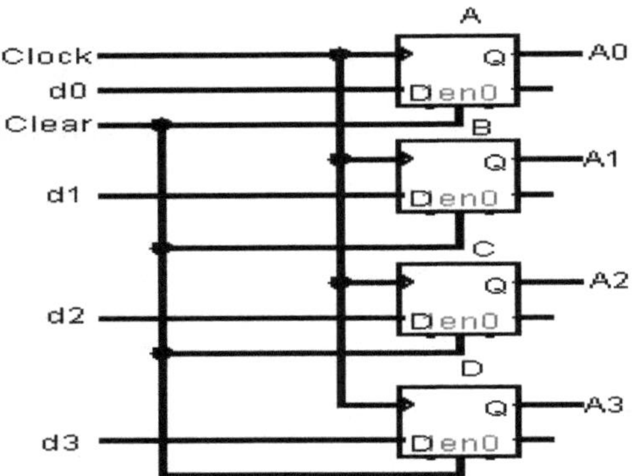

Rysunek 62: Równoległy rejestr obciążeń zaimplementowany w klapkach D

Powyższy równoległy rejestr obciążeń działa w następujący sposób:

Wszystkie bity rejestru są ładowane jednocześnie ze wspólnym impulsem zegarowym przejście, np. przejście zegarowe zastosowane do zegara, załaduje wszystkie cztery wejścia d0 - d3. Załóżmy, że do rejestru ma być załadowane słowo binarne 1101 (najbardziej lewy bit to MSB, a najbardziej prawy to LSB). A3 będzie 1, A2 będzie 1, A1 będzie 0, a A0 będzie 1. (Patrz rysunek 62). Jeśli zawartość rejestru musi pozostać niezmieniona, zegar powinien być zablokowany w układzie, który jest taktowany musi być zerowy. Do zresetowania rejestru używany jest sygnał CLEAR (CLR) (wykorzystuje logikę ujemną).

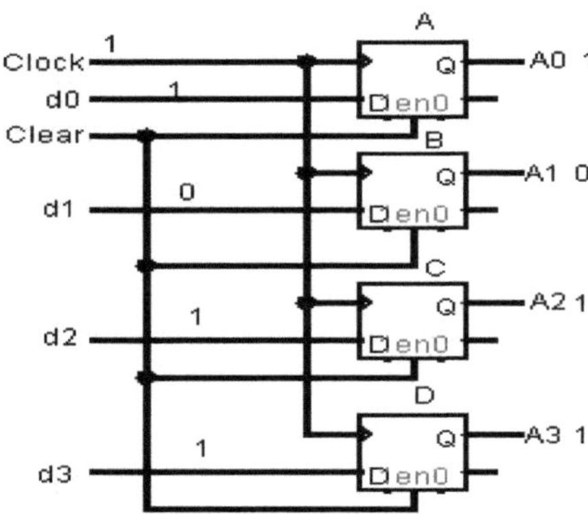

Rysunek 62: Równoległy rejestr obciążenia z symulowanymi sygnałami

Komputerowe rejestry danych mogą być również zaimplementowane w japonkach SR, jak pokazano na rysunku 63.

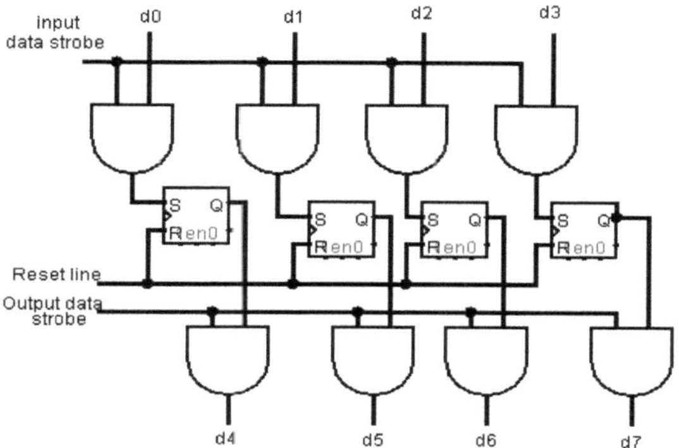

Rysunek 63: Równoległy rejestr obciążeń zaimplementowany w japonkach SR

W powyższym SR równoległym rejestrze obciążeń do d1, d2 i d3 są liniami danych wejściowych, a d4, d5, d6 i d7 są liniami wyjściowymi. Wejście R jest przywiązane do linii resetowania, aby uniknąć dwuznacznego przypadku. Linia danych wejściowych stroboskopu musi być zawsze wysoka, aby zaakceptować dane w rejestrze. To samo odnosi się do stroboskopu danych wyjściowych. W celu równoległego obciążenia strumienia bitów 1101, strobosk danych wejściowych ustawiany jest na wysoki, dane i bity podawane są do odpowiednich wierszy wejściowych. W przypadku stroboskopu danych wyjściowych o wysokiej wartości, bity pojawiają się jednocześnie na odpowiednich wierszach wyjściowych d4-d7. Rysunek 64 przedstawia symulowane sygnały

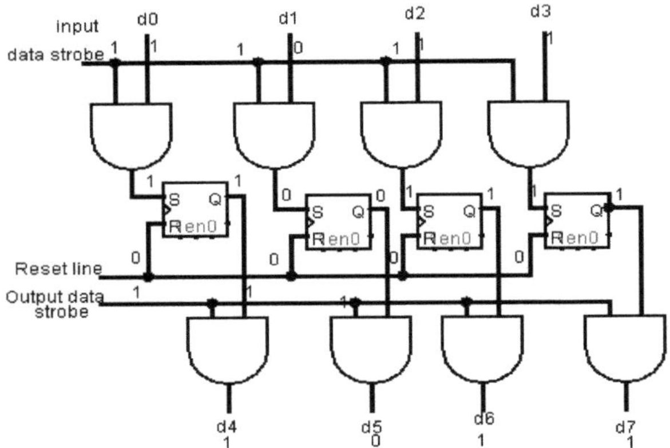

Rysunek 64: Rejestr równoległego obciążenia SR pokazujący symulowane sygnały

Rejestr obciążeń seryjnych

Przy obciążeniu szeregowym wyjście każdej klapki jest podłączone do wejścia następnego klapki. W przypadku klapki D dane na wejściu D są przenoszone na wyjście po przyłożeniu impulsu zegarowego.

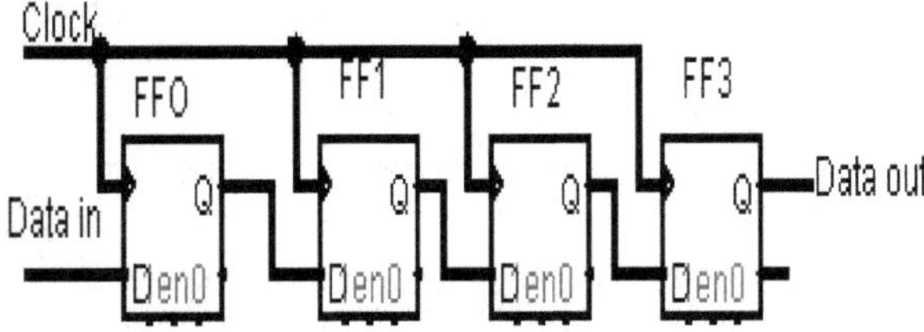

Rysunek 65: Rejestr obciążenia szeregowego

Przykład pracy z ładunkiem

Załóżmy, że słowo danych, które ma być ładowane seryjnie w rejestrze to 1101. W przypadku obciążenia szeregowego, najbardziej znaczący bit ma być wczytany jako pierwszy. Jeżeli na wejściu pierwszego klapki (FF0) zostanie zastosowana wartość 1 i zostanie zastosowany impuls zegarowy, to dane zostaną wprowadzone i zapisane w flip-flopie FF0. W następnym impulsie zegarowym na wejściu D zostanie zastosowany następny impuls binarny 1. 1 w pierwszej klapce (FF0) zostanie przesunięty do FF1, a w następnym impulsie zegarowym do FF0 zostanie przyłożona wartość 0. FF0 zapisze teraz 0, FF1 a 1 i FF2 a 1. W ostatnim impulsie zegarowym FF0 zapisze 1, FF1, a 0, FF2 a, 1 i FF3 a 1. Aby załadować 4 bity szeregowo w rejestrze potrzebne są cztery impulsy zegarowe. Poniższy przykład przedstawia operację szeregowego ładowania.

FF0 FF1 FF2 FF3

Początkowo 0000

Puls 1 1000

Puls 2 0100

Puls 3 1010

Puls 4 0101

Działalność

1) Biorąc pod uwagę strumień bitów 101, należy pokazać, że wykonanie mnożenia binarnego i podziału binarnego jest równoważne:

(i) Przesuń jeden bit na raz w lewo

(ii) Przesuwanie po jednym bitu w prawo

2) Pokaż, że wprowadzenie danych seryjnych jest równoważne z przesunięciem 1 bitu w prawo w danym momencie

3) Klapka D jest używana na większości ilustracji do pokazania działania układu logicznego, dlaczego jest to oczywisty wybór

18.3 Rejestry zmian

Rejestry te są zaprojektowane tak, aby przesuwać dane wzdłuż rejestru w dowolnym kierunku, tj.
w lewo i w prawo. Mogą one również wykonywać konwersję szeregową na równoległą i odwrotnie. Rejestry zmian mogą być klasyfikowane jako:

- Serial in Serial out (SISO)
- Szeregowy równolegle na zewnątrz (SIPO)
- Parallel in Serial out (PISO)
- Równolegle na zewnątrz (PIPO)

Klasyfikacja ta jest zależna od tego, jak dane wejściowe są stosowane i jak dane wyjściowe są pobierane z rejestru zmian.

18.4 Szeregowy w rejestrze szeregowym

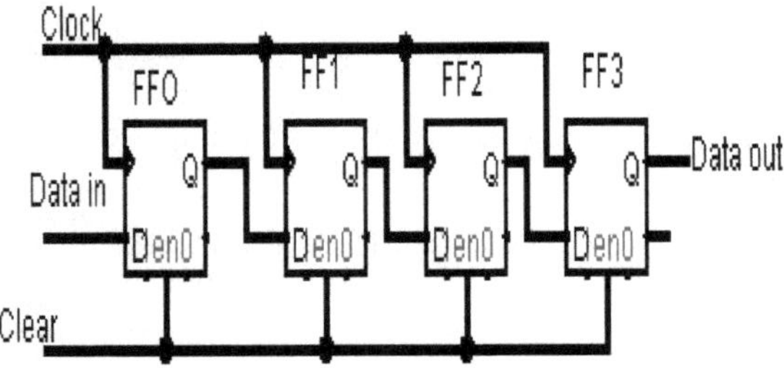

Rysunek 66: Rejestr zmian w SISO

Przykład pracy zmianowej

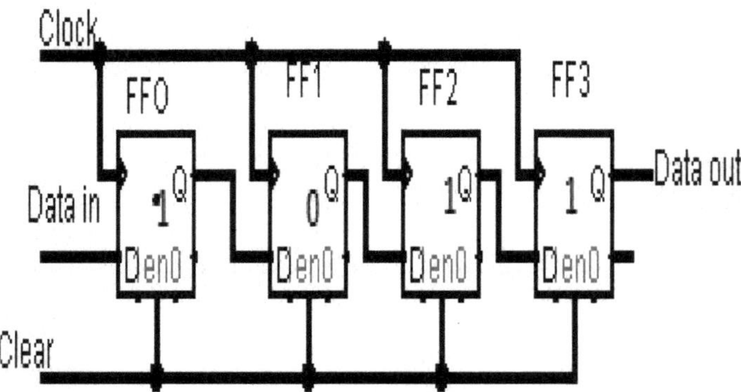

Rysunek 67: Rejestr zmian szeregowych w trybie szeregowym z załadowanymi bitami danych 1101

Załóżmy, że słowo danych 1101 zostało załadowane do rejestru zmian i ma zostać przesunięte. Cztery impulsy zegarowe będą potrzebne do przesunięcia wszystkich czterech bitów z rejestru poprzez przesunięcie jednego bitu na raz. Aby przesunąć bity, należy zastosować inne bity danych w wierszu danych wejściowych. Zachęca się do korzystania z bitów zerowych (0) w celu przesunięcia bitów. Jeżeli na wejściu D w FF0 zostanie zastosowane 0, to poprzedni bit w FF0 zostanie przesunięty na FF1, poprzedni bit w FF1 zostanie przesunięty na FF2 a poprzedni bit w FF2 na FF3. Poprzedni bit w FF3 zostanie utracony na zewnątrz lub odebrany.

Kolejne zastosowanie impulsów zegarowych i zer będzie działać w podobny sposób, dopóki wszystkie bity słów danych nie zostaną przesunięte poza rejestr. Ilustracja poniżej pokazuje, jak następuje to przesunięcie,

FF0FF1FF2FF3

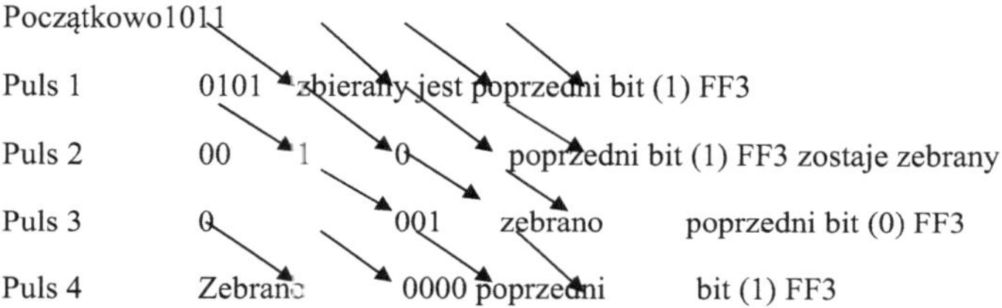

Rysunek 68: Obsługa rejestru zmian w SISO

18.5 Rejestr SIPO (Serial in parallel out)

Rejestr przesunięcia SIPO pozwala na szeregowe wprowadzanie danych i równoległe (równoczesne) ich wyprowadzanie. Rejestr przesunięcia SIPO pozwala na konwersję z formatu szeregowego do równoległego. Dane są ładowane do rejestru szeregowo, tak jak w przypadku SISO. Gdy dane znajdą się w rejestrze, mogą być albo odczytywane na każdym wyjściu jednocześnie, albo mogą być przesunięte i zastąpione. (Patrz rysunek 69). Konfiguracja rejestru ma ustawiony (binarny 1 sygnał wejścia sterującego) i przezroczysty (binarny 0 sygnał sterujący). Sygnał sterujący Set służy do ustawienia jednego z dwóch trybów pracy, który jest jednocześnie odczytywany na każdym wyjściu lub może być przesunięty i zastąpiony

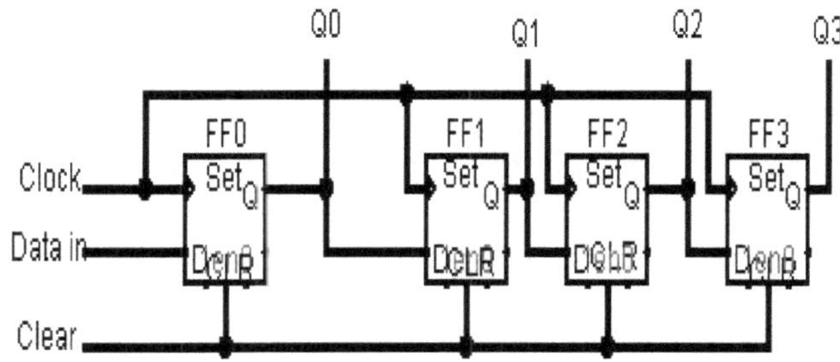

Rysunek 68: Szeregowy równolegle rejestr zmian

Załóżmy, że słowo danych 1101 ma być ładowane jako szeregowe, a wyjście jako równoległe.

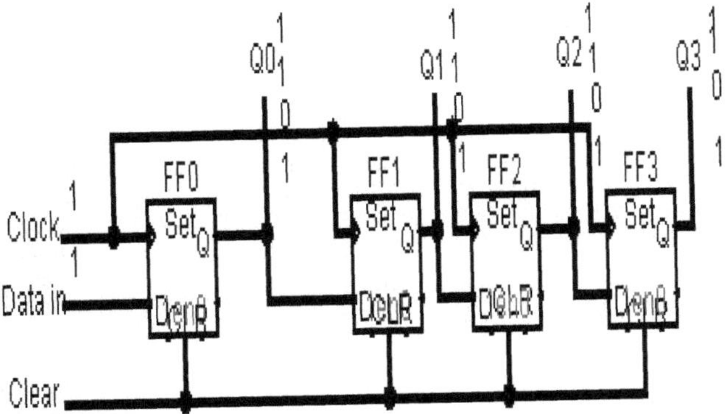

Rysunek 69: Praca szeregowa równolegle z rejestrem zmian.

Rysunek 689 przedstawia jeden z dwóch trybów pracy rejestru zmiany biegów SIPO. Powyższy tryb jest również wykorzystywany do korekcji błędów.

18.6 Rejestr równoległy w układzie szeregowym (PISO)

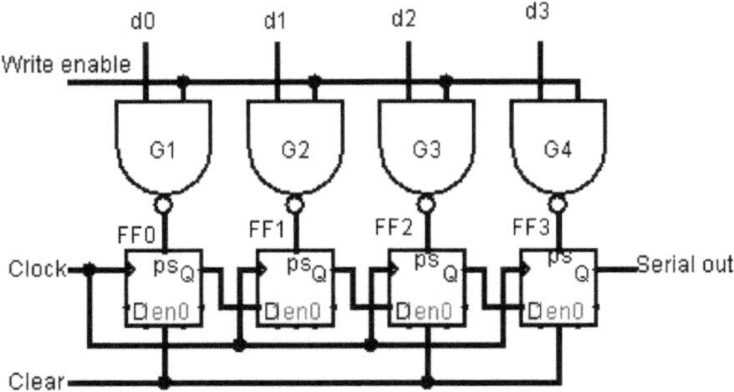

Rysunek 70: Równoległy w szeregowym rejestrze zmian biegów

W powyższym rejestrze przesunięcia PISO, d0 - d3 są wejściami równoległymi. Impuls Clear jest na niskim poziomie (zero binarne). Początkowo jest on stosowany do wyzerowania wszystkich klapek na zero (0). Załóżmy, że czterobitowe słowo 1101 ma być ładowane równolegle i wyprowadzane seryjnie. Sygnał sterujący zwolnienia zapisu aktywowany jest za pomocą binarnego 1. FF0 wynosi 0, FF1 wynosi 1, FF3 wynosi 0 i FF3 wynosi 0. Wstępnie ustawiony sygnał sterujący jest aktywny na dole, a więc w rejestrze przesunięcia zapisywane jest 4-bitowe słowo danych 1101. W celu odczytania zapisanych czterech bitów słowa danych szeregowo w przód, do przesunięcia zapisanych bitów w prawo stosowane są cztery impulsy zegarowe.

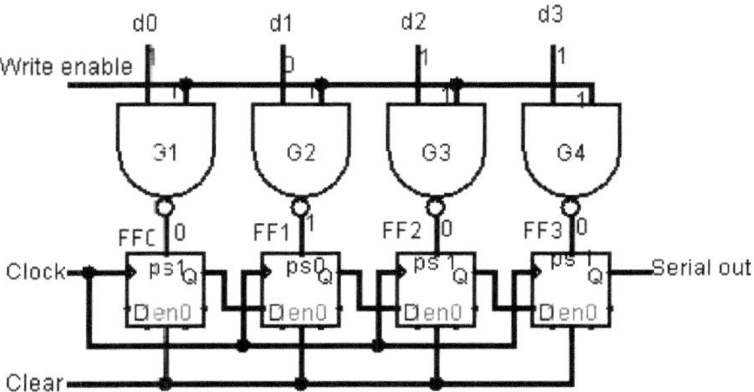

Rysunek 71: Wyjście szeregowe równoległe z symulowanymi sygnałami.

18.6 Rejestr PIPO (Parallel in Parallel out)

W powyższym rejestrze przesunięcia PIPO, d0 - d3 są wejściami równoległymi, a Q0 - Q2 są wyjściami równoległymi. Wszystkie bity danych w d0 - d3 pojawiają się na wyjściach równoległych bezpośrednio po równoległym wprowadzeniu bitów danych. Powyższy układ jest czterobitowym rejestrem przesunięcia równoległego na wyjściach równoległych zbudowanym na klapkach D. Po przyłożeniu impulsu zegarowego, wszystkie bity danych na wejściach D (d0-d3) pojawiają się jednocześnie na odpowiednich wyjściach Q. Jest to sygnał niskiego poziomu używany do wyzerowania zawartości rejestru przesunięcia. PIPO jest uniwersalnym rejestrem, który może być używany do szeregowego wyprowadzania danych. Za pomocą zestawu można wybrać jeden z trybów przesunięcia.

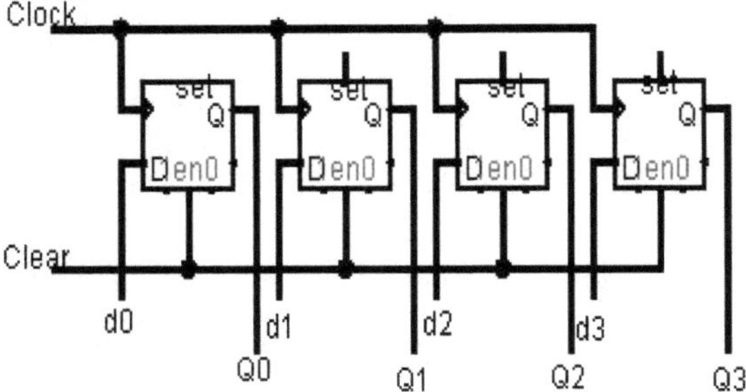

Rysunek 72: Równolegle na zewnątrz rejestru zmian.

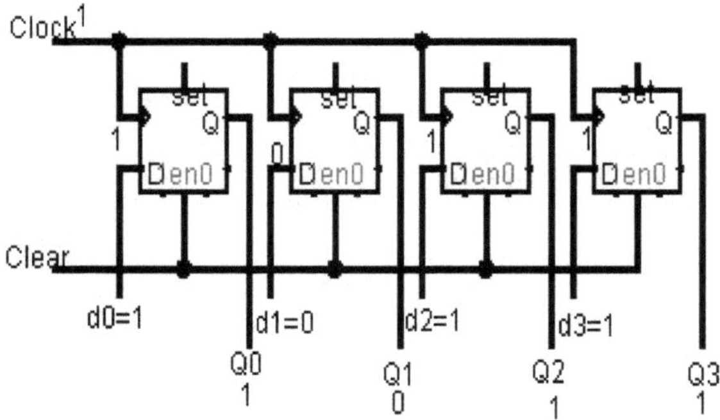

Rysunek: 73 Rejestr zmian PIPO z symulowanymi sygnałami

Działalność

1) Rejestry mogą być realizowane za pomocą japonek SR. Japonki SR są dobrze znane z niejednoznacznej obudowy. Wyjaśnij dwa sposoby na uniknięcie niejednoznacznych przypadków.

2) Operacje zmianowe są bardzo popularne w komputerach cyfrowych. Wymień i wytłumacz wszystkie trzy przypadki, w których operacje zmianowe są konieczne.

3) SIPO jest podstawową operacją w komputerach cyfrowych. Wyjaśnij, w jaki sposób ta operacja jest stosowana codziennie, gdy dane są wprowadzane do komputera w celu ich przetwarzania.

Zasoby do badań:

Morris Mano & Michael Ciletti, (2013) *Digital Design*

https://www.ee.usyd.edu.au/tutorials/digitaltutorial/part2/registers03.html

William Stallings, (2006) *Computer Organization and Architecture* p.731

Ćwiczenie

1 Narysuj 3-bitowy równoległy rejestr obciążenia zaimplementowany na klapkach SR. Pokaż jak ładowany jest strumień bitów 110 na liniach wejściowych i jak jednocześnie pojawia się on na liniach wyjściowych

2 Użyj 3-bitowego rejestru zaimplementowanego w klapkach D, aby pokazać, że działanie obciążenia szeregowego jest równoważne z przesunięciem 1 bitu w prawo w danym momencie.

3) Narysować 3- bitowy rejestr przesunięcia SIPO i wyjaśnić jego działanie za pomocą strumienia bitów 110

http://www.electronics-tutorials.ws/sequential/seq_5.html

https://imlearner.files.wordpress.com/2010/08/computer-system-architecture-3rd-ed-morris-mano-p98.pdf

http://www.learngroup.org/uploads/2014-12-26/Digital_Design_-_Fifth_Edition.pd

REFERENCJE

Belton, D. (1998) *Rules of Simplification* Retrieved from: www. ee.surrey. ac.uk/projects/Labview/minimisation/krules.html

Belton, D. (1998), *Boolean algebra* Odzyskana z: www.ee.surrey. ac. uk/projects/Labview/boolalgebra

Belton, D. (1998) *De Morgan's Theorem* Retrieved from: www. ee.surrey. ac.uk? Projects/Labview/boolalgebra/#demorganstheorem

Belton, D (1998), *Karnaugh Maps* Odzyskane z: www.ee. surrey.ac. uk/Projects/Labview/minimisation/karnaugh. html

Belton, David *Tabularna metoda minimalizacji* Odzyskana z: *www. ee,surrey.ac.uk/projects/Labview/mimimisation/tabular.html*

Burns, D. *Pięć generacji komputerów* Odzyskane z: ww.btob. co.nz/article/five-generation-komputery

Francuski, C. S.(1996) Przetwarzanie danych i technologie informatyczne

Khan, J. (2014), *Five basic units of a computer system* Retrieved from: www. byte-notes.

com. Khan, J. (2013), *System numeryczny w komputerze* Odzyskano z: www.byte-notes. com.

Jawad, Khan (2013*) Pięć generacji komputerów* Odzyskane z: www. bytes-nots.com/five-Generation-computers

Morris, Mano*, (1997) Architektura systemów komputerowych*

Najmi (2004) *Generations of computer* Retrieved from: www.techiwarehouse. com/engine/ao46ee08/Generation of-computer

Systemy numeryczne w elektronice Odebrane z:www.learnabout-electonics.org/Digital/dig11.php

Kombinowane obwody logiczne Pobrane z: www. electronics-tutorials. ws/combination_1.html

Stallings, W. (2002) Computer *Organization and Architecture (Organizacja i architektura* komputerowa)

Logic Simplification with Karnaugh Maps Pobrane z: www. allaboutcircuits.co/textbook/digital/chpt-8/logic-simplification-karnaugh-maps/

Mann, N. *Generator parytetów i Checker* odzyskane z: www. globalspec. com/reference/58764/203279/5-6-parate-generator-and-checker

Nave, R. *De Morgan's Theorem* Retrieved from: http://www. hyperphysics-phy- astr. gsu. edu/base/Electronic/DeMorgan.html#3

Asychroniczne (Ripple) liczniki Odzyskane z: *http://www. ee.usyd. edu.au/tutorials/digital-tutorial/part2/counter02.html*

Rejestry zmian Pobrane z: https://www. ee.usyd. edu. au/tutorials/digital- tutorial/part2/registers03.html

Pokolenia komputerowe. Odzyskane z: https://www.tutorialspoint.com/computer_fundamentals/computer_generations.htm

Nave, R. *J-K Flip Flop* Retrieved: from:www. hyperphysics.phy. astr. gsu. edu/hbase/electronic/jkflipflip.html

Rahmi, Rahman (2011) *Pięć generacji komputerów* Odzyskane z: https://fahmirahman. wordpress.com/2011/01/04/five-generations of-computer

Printed by Books on Demand GmbH, Norderstedt / Germany